LACKENBERGER

WIR BACKEN LEBKUCHEN

Stocker stv

Anita Lackenberger

Wir backen Lebkuchen!

MIT ÜBER 80 REZEPTEN

Leopold Stocker Verlag
Graz – Stuttgart

Umschlaggestaltung: Gabi Schneider, Graz
Umschlagfoto: Foto Tropper, Graz
4. Umschlagseite: Alexander Bernard, Wien
Fotos und Abbildungen im Innenteil: Stefan Liewehr, Fa. Agrana, Wien; Fa. Ernst Metzger, Wien; Fa. Karl Kammerer KG; die restlichen Abbildungen wurden dem Verlag freundlicherweise von der Autorin zur Verfügung gestellt;

Die Deutsche Bibliothek – CIP-Einheitsaufnahme

Wir backen Lebkuchen! : mit über 80 Rezepten / Anita Lackenberg. [Fotos und Abb. im Innenteil: Stefan Liewehr ...] – Graz ; Stuttgart : Stocker, 1996
ISBN 3-7020-0756-3
NE: Lackenberger, Anita; Liewehr, Stefan

ISBN 3-7020-0756-3

Printed in Austria
Gesamtherstellung:
M. Theiss, St. Michaeler Straße 2, A-9400 Wolfsberg/Kärnten

INHALT

Teil I:

Rund um den Lebkuchen

Zur Geschichte des Lebkuchens

Backen ist eine Kunst – und das Backen von Lebkuchen zählt gewiß zu den Sternstunden der Backkunst. Feste und Feiertage waren von alters her ohne Schmauserei undenkbar. Es ist wohl ein uralter Brauch, dem Leben seinen kulinarischen Tribut zu zollen – sei es zu fröhlichen oder auch ernsten Anlässen.

Freilich waren die Schleckereien, welche die Tafeln der Antike und bis weit ins Mittelalter hinein zierten, bescheiden, denn außer Früchten (auch getrockneten) und Honig gab es keine Möglichkeiten zum Süßen der Speisen. Ägypter, Griechen und Römer – sie alle kannten die Kunst des Backens mit Honig, und je nach aktuellem Geschmack und Anlaß wurden bereits die verschiedensten Gewürze verwendet. Gewiß hat sich die Fertigkeit der Verarbeitung über die Jahrtausende verändert und den neuesten technischen Gegebenheiten angepaßt. Heute ist Lebkuchen für uns ein Festtagsgebäck, welches meist zu Weihnachten gereicht wird; ein ganz besonderer Leckerbissen, den es nicht überall – und vor allem nicht überall in bester Qualität – gibt: Angebot und Nachfrage sind den Regeln des Marktes unterworfen.

Sowohl der Honig als auch die Gewürze haben Lebkuchen seinerzeit zu einem teuren, begehrten Lebensmittel gemacht. Die ersten uns überlieferten süßen Backwaren sind die sogenannten „Honigkuchen“. Honig als Süßstoff finden wir in der germanischen Mythologie, aber auch schon in den Aufzeichnungen römischer Dichter, wie Horaz und Ovid, und nicht zuletzt in der Bibel, denn „in ein Land, in dem Milch und Honig fließen, sollte das auserwählte Volk wandern und dort glücklich werden“.

Der Mythologie nach war Honig eine „gute“ Gabe, ob er nun von der germanischen Weltesche Yggdrasil tropfte oder als Honigkuchenopfer bei den Ägyptern, wie es archäologische Ausgrabungen erwiesen, eine gewichtige Rolle spielte. Aus dem alten Griechenland wird uns Honigkuchen als Geschenk für den schönen Jüngling Adonis, den Geliebten der Aphrodite, überliefert: „... des Gebackenen viel, das Frauen in den Formen bereiten, mischend das weiße Mehl mit mancherlei Würze der Blumen, das sie mit lieblichem Öl getränkt und mit der Würze des Honigs ...“ – Honig wurde auch dem griechischen Höllenhund Kerberos zur Besänftigung vorgeworfen, weshalb man ihn den Toten mit ins Grab gab. – Um noch einmal auf die Germanen zurückzukommen: Honigkuchen diente auch in den Rauhnächten zwischen 24. Dezember und 6. Januar als Opfer für die Seelen der Verstorbenen.

Altnordischen Sagen zufolge buk man die Abbildungen von Göttern – später Tierfiguren – für Zwecke des Opfers. Somit läßt sich bereits eine Verbindung zwischen dem in der Herdasche gebackenen Brot und dem heutigen Lebkuchen herstellen, denn von seiner herkunftsgeschichtlichen Deutung her geht das mittelhochdeutsche Wort „leb(e)kuoche" höchstwahrscheinlich auf das althochdeutsche „leib" (= ungesäuertes Brot) zurück, so daß „Lebkuchen" als „Brotkuchen" zu deuten wäre.
In den mittelalterlichen Klöstern wurde die Kunst des Lebkuchenbackens wiederaufgenommen. Sie waren seit ihren Anfängen Träger einer neuen Kultur. Allein die Fastenzeiten und die verschiedenen Kirchenfeste stellten an ihre Küchen und Backstuben beträchtliche Anforderungen. Die Namen verschiedener Backwaren, die bis heute als „Mönchsbrot", „Nonnenkräpflein" oder „Klosterfladen" erhalten sind, weisen auf ihre Herkunft aus dem klösterlichen Bereich hin.
Angeblich wurde in den Nonnenklöstern der eigentliche Honigkuchen („panis mellitus") gebacken, in den Mönchsklöstern hingegen der Pfefferkuchen („panis piperatus"), welcher besonders stark gewürzt war (auch mit Pfeffer) und zu Wein und Bier gereicht wurde, um den Durst anzuregen. Aufgrund einer überlieferten Klosterordnung wissen wir, daß jedem Mönch pro Tag „zwei Kannen Bier, ein Kännlein Wein und Pfefferkuchen oder gesalzenes Brot, damit man wohl trinken kann" zustanden.
Lebkuchen wurden von Nonnen und Mönchen zu Festtagen und Kirchweihen verzehrt oder auch wichtigen Persönlichkeiten geschenkt. „... die leppküch sind all besteckt (mit Gewürz verziert) und kert (gehört) zu jedem 1 büchsen", schrieb eine unbekannte Nonne um 1500 über ihre Geschenke. Unverzierte Lebkuchen hingegen wurden an Kinder, Frauen und Bedürftige verteilt.
In den Klöstern wurden nicht nur der Anzahl nach viele Lebkuchen hergestellt, manche von ihnen wiesen auch stattliche Ausmaße auf. So verzeichnet die Günthersthaler Klosterbackstube: „Anno dom. 1508 han ich lebküchen gemacht, 13 besteckter, darunter einer von 6 Pfund, zu unseres herren 12 Pfund, item 22 unbesteckter, darunter einer von 6 Pfund, item 3 lange, davon einer zu 3 Pfund, item 5 sinwele (runde) von 1 Pfund, item 10 kleini von 1/2 Pfund, Summa 89 klein und groß." Dazu wurden mehr als 40 Maß Honig verwendet, außerdem 51 Lot Ingwer und 51 Lot Pfeffer.
Zwischen den Ordenshäusern und den weltlichen Institutionen bestand von jeher ein reger Austausch von geistigen und materiellen Werten. Die sogenannten „Honigpfründe" des Adels an die Klöster wurden von diesen zu den Festtagen mit kulinarischen Gaben erwidert. So schickten die Nonnen von Frauenchiemsee zu Neujahr einen großen Lebkuchen nach Schloß Hohen-

aschau, und das schweizerische Kloster Frauenfeld pflegte ebenfalls alljährlich die Oberherrschaft des Rates der Stadt Zug mit einem Lebkuchen zu verwöhnen. Hier das Rezept eines Klosterlebkuchens:

Braune Lebkuchen

Ein halbes Maas Honig wird in einer messngen Pfanne über das Feuer gesetzt, und sobald der Honig zu sieden anfängt, thut man ein halb Pfund gestoßenen Zucker darein, läßt beides miteinander so lange kochen, bis es so dick wird, daß, wenn man einen Tropfen davon auf einen Teller fallen läßt, derselbe bald trocknet. Nun fügt man der Masse zwölf Loth geschälte überweg (ca.) *gröblicht geschnittene Mandeln, ein halbes Weinglas voll Kirschengeist oder starken Weinbranntwein, ein paar Messerspitzen voll Pottasche, die Schaale von einer Citrone, zwei Loth Citronat, drei Loth Pomeranzenschalen, alles klein geschnitten, ein und ein halbes Loth Zimmet, ein und ein halbes Loth Gewürznägelein, ein Quint Cardamomen, ein Quint Kubeben* (Rosinen) *(alles Gewürz wird besonders gröblichst gestoßen) bei, und rührt es in den Honig so lang er noch warm ist. Auch wird so viel Mehl dazu gerührt, bis es ein ganz starker Teig wird. Diesen nimmt man dann auf ein Backbret, arbeitet ihn recht rüchtig durch, und macht nach Belieben Lebkuchen daraus, probirt aber vorher den Teig, ob er nicht im Ofen zerläuft. In diesem Falle wird noch etwas Mehl darein gewirkt, es muß aber geschehen, so lange der Teig noch warm ist, außerdem nimmt er kein Mehl mehr an. Alsdann wird der Teig nach der Größe der Mödel genommen, die Mödel werden durch ein wenig Mehl durch ein Florsäckchen* (Art frühes Mehlsieb) *bestäubt, der Teig recht darein gedrückt, auf ein dick mit Mehl bestreutes Blech gelegt und im Backofen gebacken. Der Teig muß vor dem Backen einen kleinen Fingers dick seyn.*

Will man geringere braune Lebkuchen backen, so wird ein halbe maas Honig mit einem Viertelpfund zerdrückten Farinzucker (brauner Zucker) *eine Viertelstunde lang gekocht, noch heiß in eine Schüssel gethan, ein halbes Trinkglas voll Kirschengeist oder Weinbranntwein dazugegossen, dann zwei Messerspitzen voll feiner Pottasche daran gerührt. Außer etwas Pfeffer kommt noch ein halb Loth gestossener Zimmet, wie auch gestossener Anis und Fenchel, nach Belieben dazu, Mehl aber, so viel die Masse annimmt. Dann wird der Teig, wie der erst beschriebene behandelt, die lebkuchen in die Mödel gedrückt, auf das Blech gelegt, in der Mitte und in den Ecken mit abgezogenen halbirten Mandeln belegt, gebacken, nach dem Backen mit Zucker bestrichen, zuletzt aber in warmer Stube getrocknet.*

Mit der Entwicklung der Städte ergab sich auch dort die Möglichkeit, Leb-

kuchen zu erzeugen, zumal die Beschaffung der Zutaten (vor allem der Gewürze) infolge des intensiven Handels einfacher war als im ländlichen Raum. Die vielen Kirtage, Jahr- und sonstigen Märkte in den Städten erleichterten darüber hinaus den direkten Verkauf des Lebkuchens.
Vor allem der Aufstieg der reichen Hansestädte sowie der Handelszentren im Süden Deutschlands führte zu einer regen Produktion und zum Handel bzw. Fernhandel mit Lebkuchen. Die sich nun entwickelnde Zunft der Lebzelter trennte sich von jener der Bäcker. Sie waren die Vorgänger der heutigen Konditoren bzw. Zuckerbäcker.

MAGIE DER MISCHUNG: ZUTATEN UND GEWÜRZE

Der klassische Lebkuchenteig besteht aus Honig, Zucker, Eiern, Mehl und selbstverständlich Gewürzen. Fett und Fettbeigaben sind in den Rezepten äußerst gering. Meist werden Honig und Zucker erwärmt und die Gewürze beigefügt, um die Bindung der Honigmasse zu vergrößern.
Zucker kommt meist als brauner Zucker (Rohrzucker bzw. nicht raffinierter Zucker) zur Verwendung; weißer Zucker findet erst später in die Rezepte Eingang und ersetzt erst in besonders feinen Rezepten oder solchen aus dem 19. Jahrhundert Honig oder braunen Zucker zur Gänze.
Der feine Puder- oder Staubzucker wird vorwiegend für die Zuckergüsse und das „Eis“ (den gefärbten Zuckerguß für die Verzierungen) verwendet.

HONIG

Die Honigkuchen der Germanen waren aus Milch, Mehl, Eiern, gesüßten Zutaten und Honig hergestellt. Diese Mischung sollte die Kraft haben, Dämonen zu vertreiben und die Menschen zu beschützen.
Honig war in der Antike und im Mittelalter das Mittel zum Süßen schlechthin. Zwar kannte man Zucker aus Zuckerrohr, aber er galt als Kostbarkeit und war teuer.
Im Mittelalter war Honig hochbegehrt. Er wurde nicht nur als exklusives Nahrungsmittel geschätzt, sondern auch als Heilmittel. Klöster, Fürsten,

aber auch Reichsstädte hatten eigene Bienenweiden und Zeidler (Bienenzüchter). Für die ersteren war Honig eher ein Nebenprodukt der Wachserzeugung, denn die Mönche und Nonnen benötigten größere Mengen an Wachs zur Produktion von Kerzen, um ihre Kirchen und Klöster zu beleuchten. Die Klosterküchen stellten aus ihren Honigerträgen schön verzierte Honigkuchen her. Diese dienten als Tauschmittel; dafür erhielten die Klöster Flachs, Medikamente, andere Naturalien oder auch hin und wieder ein Pferd.
Honig und Honigkuchen gab es, wie erwähnt, bereits in der Antike: bei den Ägyptern als Grabbeigabe, bei den Griechen als Opfergabe, von letzteren übernahmen die Römer den Honig. 171 v. Chr. lassen sich die ersten „Kuchenläden" in Rom feststellen. Dort gab es auch einen eigenen „Naschmarkt", auf dem neben Blumen und Obst auch Honig feilgeboten wurde. Da sowohl Gewürze als auch Mandeln, Nüsse und Datteln bereits bekannt waren, wurde feinstes Backwerk angefertigt: die sogenannten „dulciarii" und „pistores" sorgten auf den Plätzen und Straßen des alten Rom für süßes Gebäck.
Die Völkerwanderung und die damit verbundene wirtschaftliche Stagnation ließen feines Gebäck und die verschiedenen süßen Backwaren in der Versenkung verschwinden. Und so kannte man unter Karl dem Großen nur mehr das Honigbrot, wohl den Vorläufer unseres heutigen Lebkuchens. Der

Muster für das Belegen von Honigkuchen

Frankenkönig veranlaßte auch, daß auf seinen Gütern Honig und Wachs immer vorrätig sein mußten.

Zucker

Neben dem Honig findet sich in den Lebkuchenrezepten – und bei manchen Rezepten ausschließlich – auch Zucker zum Süßen. Obwohl Zuckerrohr vermutlich schon 500 v. Chr. angebaut wurde, fand es in die Küchen der Antike und des Mittelalters keinen Eingang. Zucker wurde als „Gewürz" betrachtet; er war, wenn überhaupt, in Apotheken erhältlich. Marco Polo staunte in seinen Berichten über China nicht über „den Zucker" an sich, sondern über dessen Mengen, die dort zur Verfügung standen. Aus dem Jahr 991 ist ein Vertrag des Dogen Orseolo II. erhalten, demzufolge beträchtliche Kontingente von Rohrzucker aus Syrien und Ägypten nach Venedig gebracht wurden. Kreuzfahrer fanden in der Ebene von Tripolis sogenanntes „Honigschilf", das man dort „Zucra" nannte. Es wird berichtet, daß die durstigen Männer es begierig aussogen, um ihren quälenden Durst zu stillen.

Damals wurde Zucker ähnlich wie Salz gewonnen: Das Zuckerrohr wurde mit Mörsern zerstoßen, sein Saft filtriert und in tönerne Gefäße gefüllt. Dort erstarrte er, bis er ähnlich wie „weißes Salz oder Schnee" war. Der heißbegehrte Zucker wurde entweder von den Kreuzfahrern oder den arabischen Levantehändlern nach Venedig geliefert. Auch besaß der Ritterorden der Johanniter eigene Zuckerrohrplantagen und Raffinerien.

In alten Arznei- und Apothekerbüchern wird Zucker als Gewürz und Heilmittel genannt. Zu seinem echten „Aufschwung" kam es erst durch die vermehrte Einfuhr von Zucker nach Europa aus der Neuen Welt, wo Zuckerplantagen und -raffinerien das Zuckerrohr in großen Mengen kultivierten und verarbeiteten. Im Mittelalter war Nürnberg *der* Umschlagplatz für den Zuckerhandel.

Sein wirklicher Durchbruch anstelle des Honigs zum Süßen von Lebensmitteln kam mit den Napoleonischen Kriegen, als die Kontinentalsperre englische Rohrzuckerimporte auf den Kontinent verhinderte. Damit schlug die Stunde der Zuckerrübe – bis heute die Basis für unsere Zuckerproduktion.

Als besondere Kostbarkeit wurde der raffinierte weiße Zucker gehandelt. In Rezepten, die für unsere Zeit adaptiert sind, wird ebenfalls weißer Zucker verwendet. Bereits früher hatte der „weiße Zucker" in die Rezepte für Weißen Lebkuchen Eingang gefunden.

Dessen Erzeugung war ein Streitpunkt zwischen Zuckerbäckern und Lebzeltern. So findet sich in der bayrischen Geschichte der zwar vielfach bespöttelte, aber durchaus ernsthaft ausgefochtene „Lebkuchenkrieg“ zwischen Lebzeltern und Zuckerbäckern. Nach mehreren gerichtlichen Entscheidungen mußte sich König Maximilian von Bayern damit auseinandersetzen. Und er entschied 1808 salomonisch, daß beide Berufsgruppen „weiße Mandelkuchen“ bzw. „Oblatenlebkuchen“ herstellen durften.

Für die Erzeugung von Lebkuchen wird meist der braune unraffinierte Zucker verwendet, was der Entstehungsgeschichte des Lebkuchens auch entspricht.

Mehl

Für bäuerliche Lebkuchen wird meist nur Roggenmehl verwendet. Es ergibt den würzigen Geruch und Geschmack sowie die dunkle Farbe des Teiges – Weizenmehl kommt wohl mehr in der „feinen“ Lebkuchenküche zur Anwendung.

Im Mittelalter zog man andere, einfacher zu kultivierende Getreidesorten dem Weizen vor. Roggen aber war das übliche Brotgetreide, welches in den verschiedensten Varianten verkocht und verbacken wurde. So bildeten Weizenmehl und -brot lange Zeit eine teure Festtagsspeise für den „gemeinen Mann“. Oft wird in den Rezepten gemischtes Mehl (sowohl Weizen- als auch Roggenmehl) empfohlen.

Gewürze

Schon im Altertum waren Gewürze, wie Pfeffer, Zimt, Gewürznelken, Ingwer, Koriander, Muskatblüte, Muskatnuß, Safran und Anis, bekannt und begehrt. Sie kamen aus dem Fernen Osten und der Levante. Eigene Gewürzkarawanen transportierten die begehrten Produkte zu den Küstenstädten des Mittelmeeres.

Hauptumschlagplatz war Alexandria, von wo die Gewürze nach Genua und Venedig verkauft wurden. Deutsche Händler brachten diesen „Schatz“ in die deutschen Handelszentren und – mit der Hanse – auch in den Norden und Osten Europas.

Gewürze waren teuer und kostbar; sie wurden oft mit Gold aufgewogen, gal-

ten als „Königsgüter“ und wurden in den Märkten und Städten besonders bevorzugt gehandelt.
Für die Händler selbst war der Gewürzhandel äußerst lukrativ, und nicht umsonst gibt es das Sprichwort von den „reichen Pfeffersäcken“, womit wohl alle Gewürzhändler und – nicht nur die Pfefferhändler – gemeint waren. Kuchen mit Gewürzen waren äußerst kostbar und nicht für jedermann erschwinglich. In alten Kochbüchern und Lexika findet sich oft nicht der Begriff „Lebkuchen“, sondern ein Verweis auf „Pfefferkuchen“, worunter stark gewürzte Honigkuchen zu verstehen sind.
Nun zu den Lebkuchengewürzen im einzelnen:

Pfeffer war das wichtigste Gewürz des Mittelalters.
Schon die alten Griechen lernten ihn durch die Feldzüge Alexanders des Großen nach Indien kennen. Der lateinische Schriftsteller Plinius der Ältere unterschied in seiner „Naturalis historia“ bereits Weißen und Schwarzen Pfeffer.
Im Mittelalter wurde der Schwarze Pfeffer zur besseren Verdauung fetter Speisen und zur Erregung von Durst geschätzt. Viele Speisen wurden oft mit Unmengen von Pfeffer „abgeschmeckt“. Auch alle anderen Gewürze wurden im Mittelalter unter dem Begriff „Pfeffer“ zusammengefaßt.
„Piperarii“ hießen die Gewürzhändler, welche hauptsächlich Pfeffer anboten. Bis zur Entdeckung Amerikas kämpften Genua und Venedig um das Pfefferhandelsmonopol, das später von den Portugiesen bis ins 18. Jahrhundert übernommen wurde.
Arabische Ärzte, aber auch Heilkundige wie Hildegard von Bingen verwendeten Pfeffer vielfach auch als Medizin.
Pfeffer blieb in den Rezepten oft nur mehr als Name erhalten; gewürzt wurde mit anderen typischen Lebkuchengewürzen. Nur ganz alte Rezepte weisen eine Prise Pfeffer in der Süßbäckerei auf.
Eines der ersten Pfefferkuchenrezepte findet sich im 11. Jahrhundert im Kloster Tegernsee. Dort sollen die Mönche „Pheforceltum“ (Pfefferzelten) gebacken haben. Diese dürften tatsächlich vorwiegend Pfeffer als Grundgewürz enthalten haben.

Zimt ist die getrocknete und gemahlene Rinde des aus Asien stammenden Zimtbaumes. Zimt kannten schon die Völker der Antike. Die Griechen parfümierten (wie auch später die Römer) mit diesem teuren Gewürz ihren Wein. Zimt war so teuer, daß er nicht in größerem Ausmaß in die Küche des Altertums Eingang fand. Er kam im 8. und 9. Jahrhundert bei den Sizilien beherrschenden Sarazenen zur Verwendung, und ab dem 12. Jahrhundert

brachten ihn die Kreuzritter in die Küchen Mitteleuropas. Aber Zimt blieb teuer. Gegen Ende des 15. Jahrhunderts verkauften Europäer sogar Eunuchen und weiße Frauen an arabische Händler, um zu Zimt zu gelangen.
Zimt wurde für alle möglichen (und unmöglichen) Gerichte verwendet – und so natürlich auch von den Lebkuchenbäckern.

Gewürznelken sind die getrockneten Blütenknospen des Gewürznelkenbaums.
Im 2. Jahrhundert v. Chr. verlangte die Etikette am chinesischen Hof, daß jeder, der vor den Kaiser trat, seinen Atem mit einer Gewürznelke parfümieren mußte. Arabische Händler brachten die Gewürznelke nach Konstantinopel, freilich ohne ihre Herkunft, die Molukken, zu verraten.
Das Geheimnis um ihren Ursprungsort führte zu zahlreichen europäischen Konflikten und Auseinandersetzungen. J. S. Elcano, der Nachfolger des 1521 im Kampf mit Eingeborenen gefallenen portugiesischen Weltumseglers Magellan, erreichte im selben Jahr die Molukken und fälschte sogar Seekarten, nur damit das Geheimnis des Gewürznelkenbaums gewahrt blieb.
Die findigen Niederländer ließen sich aber nicht täuschen. Sie vertrieben 1663 die Portugiesen, vernichteten einen Großteil des Baumbestandes und erließen die Todesstrafe für jeden, der Samen oder Setzlinge von den Inseln mitzunehmen gedachte. Dennoch brachten die Franzosen diese nach Mauritius und begannen dort mit der Kultivierung der Gewürznelke.
Heute sind Sansibar und Madagaskar die Hauptproduzenten, und erst 1972(!) hob Sansibar die Todesstrafe für den Versuch auf, Gewürznelkensamen und -setzlinge von der Insel zu schmuggeln.
Die Gewürznelken werden in mühevoller und langwieriger Handarbeit kurz vor dem Öffnen der Blütenknospen geerntet und behandelt. Daher muß jeder Baum oft tagelang abgesucht werden. Dann werden die Knospen zwei Tage lang an der Sonne getrocknet, enthülst und wieder tagelang getrocknet. Die reichlich enthaltenen ätherischen Öle vertragen keine künstliche Wärmezufuhr, die das Verfahren abkürzen könnte.
Gewürznelken scheinen in fast allen Lebkuchenrezepten auf. Sie werden zu Pulver vermahlen oder gestoßen (bitte kaufen Sie kein Nelkenpulver; die in den Gewürznelken enthaltenen ätherischen Öle vertragen in zermahlenem Zustand keine langen Lagerzeiten!) und in den Teig eingearbeitet.

Muskatblüte und **Muskatnuß** stammen vom tropischen Muskatnußbaum. Zwecks Verwendung wird die Muskatblüte gestoßen und die Muskatnuß auf einem kleinen Reibeisen gerieben, ehe man sie in jene Speisen gibt, die gewürzt werden sollen. Der Geschmack der Muskatblüte ist feiner als jener der -nuß.

Piment (Neugewürz) – Im Französischen heißt der Piment „toute épice“ – alle Gewürze. Die verschiedensten Nasen meinen im Piment die verschiedensten Gerüche zu erkennen: Zimt, Muskat, Nelken, Pfeffer und Ingwer. Das Gewürz selbst wird aus den unreif getrockneten Beeren des Nelkenpfeffer- oder Pimentbaums gewonnen, der in Mittelamerika und auf Jamaika beheimatet ist.

Ingwer stammt aus Südostasien, Indien und Malaysia, wo er seit Menschengedenken kultiviert wird. Heute gibt es keine Wildform des Ingwer mehr. Gewonnen wird er aus dem Wurzelstock der zu den Ingwergewächsen gehörenden Staude *Zingiber officinale.* Da die Wurzel den beschwerlichen Transport leichter als andere, verderbliche Gewürze übersteht, finden wir Ingwer als Gewürz bereits in der Antike. Im alten Rom wurde auf ihn eine Luxussteuer erhoben. Das in der Pflanze enthaltene ätherische Ingweröl schmeckt würzig-scharf. Im Mittelalter fand die Ingwerwurzel Eingang in die Küche; sie wurde auch als Heilmittel verwendet. In ganz Europa läßt sich der Konsum von Ingwer nachweisen; er fand nicht nur bei Süßspeisen Verwendung.

Kardamom ist die dreikantige kapselige Frucht verschiedener Ingwergewächse in Indien und Indonesien.

Koriander ist eines der ersten vom Menschen verwendeten Würzmittel. Im Mittelalter züchtete man ihn im Mittelmeerraum und exportierte die Pflanzen in die nördlichen Teile Europas. Koriander zählte auch zu jenen Gewürzen, die Karl der Große auf seinen Domänen kultivieren ließ.
Besondere Liebhaber des Korianders waren die Franken, die sowohl Brot wie Gebäck und Kuchen freigiebig mit ihm würzten.

Anis ist ein Doldengewächs aus dem östlichen Mittelmeerraum. Schon die Römer bedienten sich seiner zum Würzen, und so hat Anis auch den Weg ins Mittelalter gefunden. Anis wird als Brotgewürz, für Backwerk und als Schnapsgewürz verwendet.

Schalenobst im Lebkuchen

Schalenobst (Walnuß, Haselnuß, Mandel und Pistazie) spielte in der Ernährung des Menschen schon seit jeher eine große Rolle. In Lebkuchenrezepten finden sich Haselnüsse, Walnüsse, vereinzelt Pistazien, aber auch Mandeln.

Walnuß – Heimat des Walnußbaumes ist Südosteuropa bis China; Archäologen haben Reste von Walnüssen in den Abfällen neolithischer Pfahlbauten der Schweiz, ferner in Babylon und auch im China des 2. Jahrhunderts v. Chr. nachgewiesen. Karl der Große ließ Walnußbäume auf seinen Domänen pflanzen; damals verwendete man Walnüsse als Gewürz. Bauern mußten sie als Zehent entrichten, und aus Walnüssen wurde Öl gepreßt.
Walnüsse fehlten bei keinen großen Banketten und Festtafeln. Allerdings: Während und nach dem Dreißigjährigen Krieg mit seinen Hungersnöten dienten Walnüsse als Armennahrung.

Mandel – Schon das Alte Testament kannte sie und die Pistazie; auch Karl der Große ließ Mandelbäume kultivieren. Frühe französische Kochbücher erwähnen „Mandelmilch" als Grundlage der mittelalterlichen Küche und Fastengerichte.
Mandeln spielten in der „süßen Küche" eine wichtige Rolle; sie finden sich, je nach Reichtum der betreffenden Region, in mehr oder weniger großen Mengen in den verschiedenen Rezepten.
Zu erwähnen sei hier noch die Bittermandel, die vor allem als natürlicher Geschmacksstoff im einen oder anderen Rezept aufscheint.

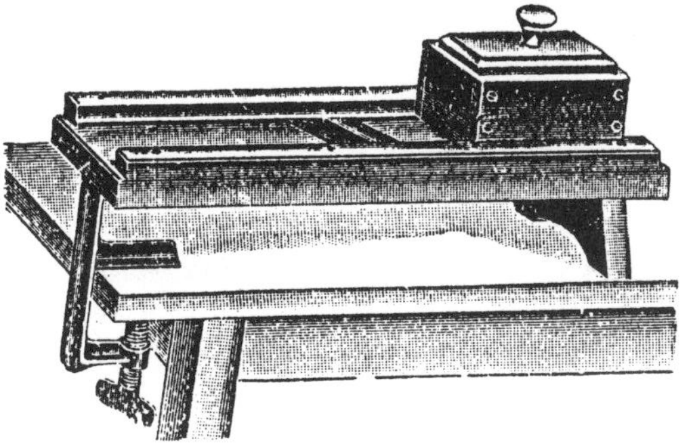

Alter Mandelhobel

Haselnuß – Sie war schon 8000 v. Chr. in Mitteleuropa, Syrien, Algerien und in der Türkei bekannt, ist die wohl süßeste Nuß und erfreut sich großer Beliebtheit. Haselnüsse gibt es in vielen Lebkuchenrezepten.

Marzipan

ist in jedem Lebzelterladen käuflich zu erwerben. Es wird oft in der Lebkuchenmasse sowie als Fülle für „Gefüllten Lebkuchen" verwendet. Die Kreuzritter brachten Marzipan aus dem Orient an die Höfe Europas. Diese Mischung aus fein geriebenen Mandeln, Zucker, Rosenwasser und verschiedenen Gewürzen wurde in kupfernen Kesseln unter ständigem Rühren über leichtem Feuer geröstet, bis die Masse nicht mehr klebrig war. Dann wurde das Marzipan in Formen gepreßt und getrocknet. Wie Lebkuchen, ist auch Marzipan leicht zu transportieren und haltbar. Die Herkunft des Namens ist bis heute unsicher. Vielleicht wurde „Marzipan" aus dem arabischen Wort „mautapan" übernommen, welches „Münze" oder „Schachtel" bedeutet. Im Byzantinischen verstand man unter „Marzipan" eine „Schachtel mit Gebäck". Sehr beliebt war die Deutung, Marzipan sei nach „Marci panis = Markusbrot" benannt.

Marzipan wurde, wie Honig und Zucker, auch als Heilmittel betrachtet. So sollte es den „alten dörren Husten, Brustsucht und andere dergleichen fel und gebrechen" nehmen.

Marzipanhersteller waren oft wahre Künstler. Sie kreierten daraus Landschaften mit Bäumen, Pavillons und Figuren. Seine exklusiven Zutaten machten Marzipan zu einer sehr teuren, nur für wenige erschwingliche Leckerei.

Findige Köche begannen zu experimentieren, indem sie der Masse Mehl beigaben, um die teuren Mandeln zu strecken. Daraus entwickelte sich der „weiße Mandel- oder Oblatenlebkuchen".

Schokolade bzw. Kakao

wurden erst nach Entdeckung der Neuen Welt und der Übernahme in die europäische Küche in Lebkuchenrezepten verwendet. Die erste europäische Schokoladeverarbeitung geschah nach aztekischen Anweisungen in einem spanischen Kloster! Die Kakaobohnen wurden geröstet und gemahlen, gepreßt und mit Rohzucker vermischt. Spanien versuchte eine Zeitlang, Herkunft und Verarbeitung der Kakaobohnen geheimzuhalten.

Schokolade war teuer und zunächst nur Fürsten und deren Höfen vorbehalten. So fanden Kakao und Schokolade erst spät in die Lebkuchenrezepte Eingang.

Orange (Apfelsine)

Sie kam aus China über den Orient nach Europa und wurde vor allem von den Sarazenen auf Sizilien und von den Mauren in Spanien kultiviert.

Ludwig XIV. ließ sich in Versailles seine berühmte Orangerie anlegen (1200 Orangenbäume und weitere exotische Pflanzen in Silberkübeln). Die deutschen Fürstenhöfe übernahmen die französische Vorliebe für Orangen (bzw. Pomeranzen).

Orangen lieben eine gleichmäßige Temperatur; einige Monate Kühle lassen sie das „Orangenrot" entwickeln. Somit ist ihre uns bekannte Farbe kein Anzeichen der Reife, sondern für kühlere Temperatur: In den Tropen haben Orangen eine grüne Schale.

Da Orangen im Mittelalter von weither aus dem Süden kamen und die Konsumenten noch nicht auf der schönen Farbe bestanden, kommt in alten Rezepten immer wieder der Begriff „grüne Pomeranzen" vor. Hier ein solches Rezept:

Lebzeltlein, von grünen Pomeranzen zu machen

Reibe das Gelbe oder Grüne von Pomeranzen auf einem Reibeisen herab / das Grüne binde hernach in ein Tüchlein / und stoße es in ein siedendes Wasser / und das thue so lange / bis die Bitterkeit herauskommt / drücke hernach die Pomeranzen / daß sie gantz trocken werden / stoße sie in einem steinernen Mörsel / gieße darzu Limonien-Safft / und alleweilen gestoßenen Zucker nach und nach einen Löffel voll / bis es wird wie ein Taig / darnach mache Lebzeltlein daraus / trockne sie auf einem Bretlein.

Zitrone

Ihre ursprüngliche Heimat ist die indisch-malaiische Inselgruppe. Zur Zeit der ersten römischen Kaiser wurde sie nach Italien und Griechenland verpflanzt, wo sie sich wegen des ihr zusagenden Klimas und der wirtschaftlichen Bedeutung stark ausgebreitet hat.

Wie die Orange, gelangte die Zitrone (auch die verwandte Limone) in weiterer Folge nach Mitteleuropa. Die Zitronenschale wurde gerne kandiert, und in dieser Form finden wir sie meist in den Rezepten. Wird die Frucht nicht kandiert verwendet, so werden dem Teig Zitronensaft oder geriebene Zitronenschale beigegeben. Auch hier ein altes Rezept:

Weiße Limoni-Zeltlein zu machen mit Äpffeln oder Quitten vermischt / von Äpffeln werden sie alsdann schön weiß / von den Quitten aber viel geschmäckiger

Nimm eine Citrone / thue die gelbe Schale darvon / darnach reibe das Weiße in ein frisches Wasser / lasse es eine halbe Stunde weichen / alsdann die geriebene Citrone aus dem frischen Wasser genommen / in ein Tüchlein gebunden / und in ein heißes Wasser gestoßen / daß die rauhe wegkommet / thue es heraus / lege es geschwind in das kalte Wasser / darnach nimm die Citrone / unter ein halb pfund durchgetriebene Quitten oder Äpffel gerühret / und nimm ein halb Pfund schönen weißen Zucker / stoße ihn klein / mische ihn unter die Quitten / lasse ihn sieden / bis er sich vom Beck (Kochlöffel) *schälet / alsdann in eine Schüssel gestürtzet / lasse ihn über Nacht stehen / alsdann auf das Papier den Lebzeltform aufgestrichen und nach Gefallen der dicken Mödel gedruckt / man kann das Saure von Citronen schön auslösen / und darunter mischen / gleich wann man es vom Feuer will heben / man muß aber Achtung geben / daß die Hitze nicht zu jähe hinzugehet / wann sie zwey Tage auf dem Papier liegen / muß man sie schon abledigen / daß sie fein rösch drucken werden / so bleiben sie inwendig schön safftig.*

Wer den intensiven Saft von Limonen schätzt, kann auch damit Lebzelten bereiten:

Gedruckte Lebzeltlein von Limonien-Saft

Nimm schön gefärbten Zucker / und frischen Limonien-Safft / schneide die Limonien-Schelffen gar klein / nimm ein wenig vom Zucker / mache ein Teiglein daraus / wälze ihn / mit gesiebten Zucker aus / drucke solchen in höltzerne Mödel / trockne es an den Luft / oder in einen warmen Zimmer / sie sind sehr gut / wenn sie neu sind.

Aranzini bzw. **Zitronat** (kandierte Schalen von Zitrusfrüchten) – Das Kandieren von Früchten war, bevor es nach Mitteleuropa kam, in Byzanz und

Osteuropa bekannt. Mangels Zucker wurden die Früchte dort üppig mit Honig kandiert.
Will man selbst Aranzini machen, so schneide man frische Orangenschalen, deren weißes Inneres sorgfältig entfernt wurde, länglich oder steche sie rund aus, wiege sie ab und lasse sie 3 bis 4 Tage in kaltem Wasser liegen. Das Wasser muß täglich gewechselt werden! Für 250 g Schale werden 250 g Zucker mit 1/8 l Wasser aufgekocht; die Schalen werden hineingegeben, und es wird weitergekocht, bis die Flüssigkeit ganz eingedickt ist.

Für Zitronat werden Zitronen- bzw. Limonenschalen geschnitten und wie Orangenschalen behandelt.
Aranzini bzw. Zitronat verschlossen aufbewahren!

Treibmittel

sollen den doch meist schweren Teig auflockern. Bekannte Treibmittel sind ein mit Honig bereiteter Sauerteig, Natron, Ammoniumkarbonat, Hirschhornsalz und Pottasche. In Rezepten neueren Datums wird auch mit Backpulver gearbeitet.
Hirschhornsalz oder Pottasche erscheinen uns heute als äußerst exotisch, und es stellt sich die Frage, ob man diese Treibmittel auch tatsächlich erstehen kann. In gut sortierten Geschäften, Apotheken, Reformhäusern und Drogerien gibt es beide sicherlich zu kaufen.

Hirschhornsalz wurde bis vor 150 Jahren in der Tat aus Hirschgeweihen gewonnen. Das Geweih bzw. dessen Teile wurden mit Lauge gewaschen oder in diese gelegt. Was sich an der Oberfläche der Laugenlösung sammelte (Späne), wurde abgeschöpft, getrocknet und pulverisiert.

Pottasche besteht aus Teilen von Pflanzenasche. Ihren Namen bekam sie, weil sie in Töpfen („Pötten“) versandt wurde.
Mittlerweile werden Hirschhornsalz und Pottasche synthetisch erzeugt.

Vielleicht noch einige Worte zur Verwendung von **Ammoniumkarbonat:** Der Geruch, der während des Backens entsteht, ist in modernen Küchen eher unbekannt und unangenehm, das fertiggestellte Gebäck ist jedoch völlig geruchsfrei.

Aus dem Leben alter und neuer Lebzelter

Lebkuchen findet sich in alten Schriften unter der Bezeichnung „Leb(e)kuoche“. Sie hat, wie bereits erwähnt, ihre Wurzeln möglicherweise im lateinischen „libum“ (Flade) oder dem mittelhochdeutschen Wort „leip“. Daneben gab es auch „Lebkichlin“, „Lebkuchlin“ und natürlich auch „Lebzelten“. „Zelt“ kommt aus dem altgermanischen „zelt“, was soviel wie Decke oder Hülle bedeutet.

Lebzelter waren vor allem in größeren Städten tätig. Zunächst bildeten sie mit den Bäckern ein Gewerbe, doch allmählich kam es zur Trennung der beiden Berufe, und die Lebzelter schlossen sich zu eigenen Zünften zusammen: die erste in Schweidnitz (Niederschlesien) 1293, es folgen Oppeln 1357 und Frankfurt an der Oder 1358. Das Lebzeltergewerbe stieg in der Folge zu Einfluß und Wohlstand auf.

Ende des 19. Jahrhunderts entstanden im Deutschen Reich auch im Lebkuchengewerbe Großbetriebe, die der verstärkten Nachfrage Rechnung trugen. Lebkuchen, der in der Stadt hergestellt wird, entspricht mehr einer „Zuckerbäckerware“, während der der bäuerlichen Tradition verhaftete Lebkuchen noch immer den Charakter von Brot und Kultgebäck hat. In der bäuerlichen Lebkuchenwelt sind die Rezepte meist nicht so „nobel“. Es gibt weniger Mandeln, weniger aufwendige Gewürzmischungen, kaum Oblaten oder Marzipan.

Zum einen orientieren sich die Rezepte am Brotbacken. Es finden sich Füllen (vor allem in den Alpen), die an Kletzen- oder Früchtebrot erinnern (Feigen, Kletzen [Dörrbirnen], Johannisbrot und Datteln). Außerdem wird der Lebkuchen nicht nur ausgestochen oder geschnitten, sondern auch in Kuchenformen gebacken und erst später in Stücke geteilt.

Dies alles hat mit der Lebenswelt der Bauern zu tun. Es gab (heute ist dies natürlich anders) kaum Geld, um Waren zuzukaufen, deswegen verarbeitete man die in den Haushalten vorhandenen Produkte und vermied zusätzliche finanzielle Belastungen. So sind die meisten Rezepte einfach und nicht sehr arbeitsaufwendig, es sei denn, es handelt sich um Brauchtumsgebäck.

Mit Honig brauchte man nicht zu sparen, gab es doch auf den meisten Bauernhöfen eine Bienenzucht, die meist der Großvater betreute. War der Lebkuchen Modelgebäck, so wurden auch die Formen dazu am Hof gefertigt.

Die Rezepte der städtischen Lebzelter hingegen weisen meist einen höheren

Zuckergehalt im Verhältnis zum Honig auf, ferner finden sich darin größere Mengen an Mandeln, Marzipan und auch Eiern. Das „bäuerliche" Roggenmehl wird zugunsten von Weizenmehl zurückgedrängt.

Die alten Handwerkerorganisationen waren durch Zünfte und Zunftordnungen geprägt. Zunächst aber entwickelten sich innerhalb der Klösterküchen eigene „Lebkuchenwerkstätten". Die ersten Lebzelter außerhalb der Klöster verfügten meist über keine eigenen Backöfen; sie ließen ihre Produkte im Backofen des nächsten Bäckers backen.

Sie siedelten sich gerne an Wallfahrtsorten und Kreuzungspunkten wichtiger Handelsstraßen an. Dort hatten sie sowohl Zugang zu den Ausgangsstoffen als auch die Möglichkeit, die Ware zu verkaufen.

Einzelne Lebzelter sind schon sehr früh bezeugt: 1294 in der Steiermark, 1293 in Schwerin, 1326 in Frankfurt am Main, 1348 in Wien, 1350 in Nürnberg. Da sie von der Stadtverwaltung meist keine Einzelprivilegien erhielten, waren sie, wie erwähnt, meist den Bäckerzünften angeschlossen.

Mit dem Aufschwung ihres Gewerbes versuchten sie verstärkt, eigene Zünfte zu gründen. Lehrverhältnisse und Meisterprüfung sollten verbindlich geordnet werden. So ist von den Wiener Lebzeltern aus dem Jahre 1445 eine „Lebzelter Ordnung und Aufsatz an Samstag vor Judica in der vasten" erhalten. In ihr wurden die Abgaben der Lebzelter geregelt, die Größe und Anzahl der Verkaufstische an den Kirchweihen bestimmt und das Karten- und Würfelspiel um Lebkuchen verboten.

Zu Beginn des 16. Jahrhunderts findet sich in praktisch jeder größeren Stadt des Reiches zumindest ein Lebzelter.

Die alten Zünfte hielten sich, obwohl sich die Rechte und Pflichten lockerten, bis ins 19. Jahrhundert. Die Einführung der allgemeinen Gewerbefreiheit brachte schließlich auch für die Lebzelter die Aufhebung ihrer Zünfte.

Einem Bericht aus dem 19. Jahrhundert können wir entnehmen, wie die Arbeit eines Lebzelters damals aussah:

Nachdem der Honig durch Kochen die richtige Konsistenz erreicht hatte, wurde er in große Tröge geschöpft und mit reinem Kornmehl vermischt. Dies war eine anstrengende Arbeit, zu der es zweier Männer bedurfte.

Zu solch einer Mischung wurden 30 bis 40 kg Honig sowie die entsprechende Mehlmenge genommen. Durch das Mischen wurde Luft in den Teig eingearbeitet, erst dann kamen Gewürzzeug (je nach Familiengeheimnis der Lebzelter) und der „Trieb" (eines der Treibmittel) hinzu.

Dieser Lebkuchenteig mußte im Keller etliche Wochen kühl rasten und wurde dann erst weiterverarbeitet, entweder als geschnittene oder Stückware, die – je nach Zutaten, Gewürzmischung und Verzierung – vorwiegend nach ihrem Herkunftsgebiet benannt war: Berliner Steinpflaster, Aachner

Printen, Mariazeller Lebzelten, Wiener Herrenkuchen, Züricher Tirggl oder Basler Leckerli. – Als Doggenware (Dogge oder Docke = Puppe) hingegen bezeichnete man alle Lebkuchen, die mit einem Model geformt wurden.
Da die Lebzelter die braune Oberfläche ihrer Erzeugnisse, vielleicht gerade noch mit Mandeln verziert, nicht schön genug fanden, begannen sie, diese mit dem sogenannten „Eis“ zu verschönen. Hierbei handelt es sich um eine entweder weiße oder mit verschiedenen Lebensmittelfarben gefärbte „Zuckerglasur“.
Die Gewinnung von billigem Rübenzucker und der damit verbundene Aufschwung des Zuckerbäcker- und Süßwarengewerbes veränderten auch die Arbeit der Lebzelter. Die Modelbäckerei trat immer mehr in den Hintergrund. An die Stelle der Holzmodel traten Ausstechformen, mit denen der ausgewalkte Teig ausgestochen wurde. Die Figuren wurden mit dem Spritzsack und dem „Eis“ verziert und in feinen Linien Girlanden, Blumen und Sprüche auf dem Gebäck angebracht. Heutzutage wird Lebkuchen in den Haushalten und auch bei den einzelnen Lebzeltern kaum mehr in den traditionellen Modelformen gebacken. Diesen kunstvollen Lebkuchen findet man mehr bei Lebzeltern, die nicht nur die alten Rezepte, sondern auch die altehrwürdigen Modeln und Formen in Ehren halten.
Diese Modeln wurden von eigenen Modelschnitzern hergestellt; sie galten im Festtagskalender der Kirche und der Menschen oft als christliche Symbole. Einige der Lebzelter-Gesellen früherer Zeiten beschäftigten sich auf ihren Reisen auch als Modelstecher – in diesen Fällen mußte der Geselle keine Angst um Arbeit haben, denn diese Kunst erforderte großes Können und Geduld. Mit Grabstichel und Schnitzmesser sowie vielen genauen, kleinen Handgriffen wurde die Model aus Holz hergestellt.
Die Formen und die Verzierung der Lebkuchen waren der Stolz des Gewerbes, und die Lebzelter betrachteten sich als ein bißchen über anderen Handwerkern stehend, denn ihnen waren auch die Seele und die Hände eines Künstlers zu eigen.
Angesichts der zierlich gefertigten Modeln fragt man sich unwillkürlich, wie die Lebzelter tatsächlich diese eleganten Motive auf die Lebkuchen übertragen konnten. Dieses Geheimnis war das sogenannte „Printengeheimnis“, und jeder Lebzelter hatte wohl seine eigene Methode, gute Abformungen aus den schönen Modeln zu bekommen. Der Teig durfte sich während des Backens nicht zu sehr verformen und mußte auch leicht aus dem Model geschlagen werden können. Es gab und gibt wohl viele Tricks, um ein gutes Ergebnis zu erzielen, aber ganz gewiß kein Patentrezept.
Die Modeln selbst waren in den verschiedenen Jahrhunderten den unterschiedlichsten Moden unterworfen:

Der Lebküchner.
Im Trübsals-Ofen steckt, Was Glaubige wol schmeckt.
Gott mest ünd waget weißlich ab,
der süssen Lebens-Stünden Gab,
worinn wir Freüden-Mandel süchen.
Die Liebes Hand wird nie verkürtzt.
Ist meine Zeit mit Leid gewürtzt:
so küß ich aüch den Pfeffer-Küchen

Im 15. und 16. Jahrhundert hatten sie meist religiösen Charakter; sie zeigen die Geburt Christi, Adam und Eva sowie andere Motive aus der biblischen Geschichte. Bis ins 17. Jahrhundert waren reichbebilderte Rundformen üblich. Dann folgten Reiter- und Soldatenfiguren und im 17./18. Jahrhundert reich gekleidete Damen mit spitzen, der Mode entsprechenden Frisuren. Auch das Ambiente des Adels wird dargestellt: Hirschjagd, Schlittenfahrten und Festtafeln. Sogar Wappenbilder in Lebkuchenform gab es.
Die bäuerlichen Modeln hingegen wiesen andere Darstellungen auf: Wickelkinder, Liebesszenen und ähnliche Motive.
Ab dem 19. Jahrhundert wurden Modeln in der Lebkuchenerzeugung immer seltener verwendet. Heute findet man alte Modeln in den verschiedenen volkskundlichen Museen und das eine oder andere Prachtstück beim traditionellen Lebzelter. Dort gibt es oft – neben den Lebkuchen – diverse Makronenarten, Ingwergebäck, Kerzen in allen Größen und Ausführungen sowie Met oder Honiglikör zu kaufen.
Honiglikör für die Lebkuchenjause läßt sich auch sehr einfach selber herstellen (siehe Rezeptteil).
Das Kerzenziehen sowie die Erzeugung von Met und Likör waren und sind ein wesentlicher Nebenerwerbszweig der Lebzelter und diesem Gewerbe auch zugeordnet. Nur die Imker durften weitere Produkte aus Honig produzieren.

Die Welt des Lebkuchens: Handelsrouten, Jahrmärkte und Produktionsstätten

Im 16. Jahrhundert – der Zeit der Kulturblüte und reichen wirtschaftlichen Entfaltung Nürnbergs – entwickelte sich dort ein außergewöhnlich umfangreicher Süßwarenhandel. Die Nürnberger waren seit dem 14. Jahrhundert im Verkauf der aus Venedig und Genua herangebrachten Gewürze führend. Nürnberger Lebkuchen war weltweit begehrt. So ist etwa bekannt, daß sich Markgraf Albrecht I. von Brandenburg-Ansbach, der letzte Hochmeister des Deutschen Ordens, Pfefferkuchen aus Nürnberg sogar

Der Wachs-zieher.
Die schönste Kertzen, ist Lieb' im Hertzen.
Das Wachs=Licht gibt der Flammen Speise,
die ihren Faden äschert ein:
So muss das Hertz auch gleicher weise
wolthätig gegen Feinde seyn.
Wer also liebt, lescht lieblich aus,
und leuchtet dort im Sternen Haus.

nach Königsberg schicken ließ, obwohl die viel näher gelegenen Städte Thorn und Danzig die Kunst des Lebkuchenbackens ebenfalls beherrschten.
In Nürnberg trafen einander die Handelswege von Norden nach Süden und von Westen nach Osten. Die Straße Würzburg – Nürnberg – Regensburg verband die Niederlande und Westdeutschland mit Böhmen und Österreich, jene von Bamberg über Forchheim und Nürnberg führte von Norden über Altbayern nach Italien. Die Lage der Stadt ermöglichte den Versand von Lebkuchen in alle Richtungen; dies gilt selbstverständlich auch für alle anderen Städte an den genannten Routen.
Lebkuchen gab es somit praktisch überall entlang dieser Handelswege. Selbst Zar Iwan IV. „der Schreckliche" (1530–1584) ließ sich im damals fernen Moskau mit Nürnberger Lebkuchen verwöhnen. Dazu ein interessantes Detail am Rande: Rußland lieferte damals große Mengen an Honig und Wachs in die deutschen Handelsstädte und war somit ein Grundstofflieferant auch für die Erzeugung von Lebkuchen. (In Rußland selbst gibt es kaum Rezepte für Lebkuchen, sondern nur einfache Honigkuchen, denen fast immer die verschiedenen Gewürze fehlen.)
Alle Arten von Lebkuchen wurden und werden zum Großteil auf Jahr-, Weihnachtsmärkten und Kirtagen verkauft. Im bunten Treiben der verschiedenen Händler trafen (und treffen) einander auch die Lebzelter. Eines der beliebtesten Produkte bei den Ständen sind die sogenannten Lebkuchenherzen, meist mit Sprüchen verziert und bunt mit „Eis" überzogen – noch immer ein beliebtes Brauchtum für Verliebte und Verlobte, dabei aber ein sehr urtümlicher Brauch, der noch an „Opfergaben" oder „Speisegeschenke" erinnert.
Anläßlich der Kirtage und Jahrmärkte trafen die gelernten Lebzelter auch auf die ungelernten „Pfuscher" und „Störer". Gelegentlich wurde streng gegen letztere vorgegangen: die Lebkuchen verfielen dem Gericht, auch Honig und Wachs durften sie nicht verkaufen. Überhaupt gab es sehr strenge Regelungen, zu welchem Zeitpunkt, an welchen Tagen und wie oft ein Lebzelter die jeweiligen Märkte befahren und seine Ware feilbieten konnte.

Lebkuchen in den einzelnen Städten Deutschlands

Aachen

Aachen war die Residenzstadt Karls des Großen, in der die Handelsfäden des frühen Mittelalters zusammenliefen. Immer wieder ist den Beschrei-

bungen von Gewürzen der Hinweis zu entnehmen, daß der Frankenkönig das eine oder andere davon auf seinen Domänen anpflanzen ließ.
In Aachen gibt es ein sehr ursprüngliches, dem Lebkuchen ähnliches Gebäck. Früher wurde es auch mittels Modeln angefertigt.

Augsburg

Von etwa 1480 bis 1630 war Augsburg Weltstadt. Seine Blüte verdankte es unter anderem dem Fernhandel als Kopf der Alpenpässe nach Mailand und Venedig. Die Stadt ist uns aber auch aus einem anderen Grund bekannt: Eines der ältesten, in der Ambraser Handschriftensammlung erhaltenen Kochbücher stammt aus der Hand der Augsburger Patriziertochter Philippine Welser, der Ehefrau Erzherzog Ferdinands.
Ihm sei folgendes Lebkuchenrezept entnommen:

Vie man die Lebzelten backt

Item nim Waitzen Mehl und Hönig, das wol haiß ist, vnnd mach ain Taig, und laß den taig wol kneten, das man den finger haimb darein steckhe, und mach fladen die aines hat den finger dickh werden, vnnd thue de In ain haffen, nachdem Prats, vnnd wan die Fladen schön Praun werden, so nimd die wider aus dem Ofen, und laß sy erjuhlen (abkühlen), so werden sy hart, Darnach laß die fladen stossen mit aim Stössl, auf aim schön sauberen Tischthuch, zu klainen Stuckhlein, Darnach thus In die Stampff (Stampfe), das mans schön sauber hat. Darnach nim wieder honig, und geuß das ain, vnnd nim Anіß, und Pfeffer ain Halb vierdung, Zimmetrinden anderthalb lott, Muscat Nuß ain lott, Ingwer drey oder vier lott, willt du des Taigs aber mehr haben, so muest du aber mehr Gewurtz darein thun, magst den Taig wol versuchen. Wird es dich duckhen, das nicht genueg gestupfft oder gewurtzt sey magst dus woll verbessern, vnnd laß den Taig nit zu Gach mit den Mehl yberschitten, laß auch den Taig nit zu vast knetten, vnnd mach Lebzelten darauß, vnnd machs nit zu dinn. Darnach thue die In den Offen, Nachdem Prat das der Offen nur nit zu heiß sey, du must gueten Vleiß haben, damit Sy dir nit verprinnen, vnnd Sy praun werden so nimbß herauß.

Nürnberg

Die Reichsstadt Nürnberg war nicht nur für ihre Gewürze und den Lebkuchen, sondern auch für ihre reichen „Honigweiden" bekannt, und so erhielt sie den Beinamen „des heiligen römischen Reiches Bienengärtlein".
Wenn eine Gesandtschaft der Stadt eine Reise antrat, pflegte man zu den anderen diplomatischen Geschenken auch einige besonders schöne Lebkuchen zu legen.

Die Nürnberger Lebkuchen sind besonders bekannt wegen ihrer traditionellen Verzierung mit fünf aufgelegten Mandeln. Die Lebzelter schlossen sich in den siebziger Jahren des 14. Jahrhunderts in einer eigenen Zunft zusammen. Die Geschichte berichtet uns, daß im Verlauf der Gegenreformation im 17. Jahrhundert evangelische Lebzelter aus Wien vertrieben wurden. Diese siedelten sich um Nürnberg an und sollen zur Weltgeltung der „Nürnberger" nicht unwesentlich beigetragen haben.

Würzburg

Hier gab (und gibt) es lokale Lebzelter, in deren Rezeptbüchern Marzipan aufscheint. Das Rezept für eine Art falsches Marzipan, das als „Würzburger Marzipan" bekannt ist, findet sich im Rezeptteil.

München

Die Formen des „Münchner Künstlerlebkuchens" wurden von Künstlern entworfen und von namhaften Firmen hergestellt. Seine Motive waren aber nicht nur altehrwürdig, sondern eine Mischung aus Jugendstilelementen sowie folkloristischen Figuren und Volkstypen.

Künstler-Lebkuchen

Hermann Stockmann: Bauer und Bäuerin

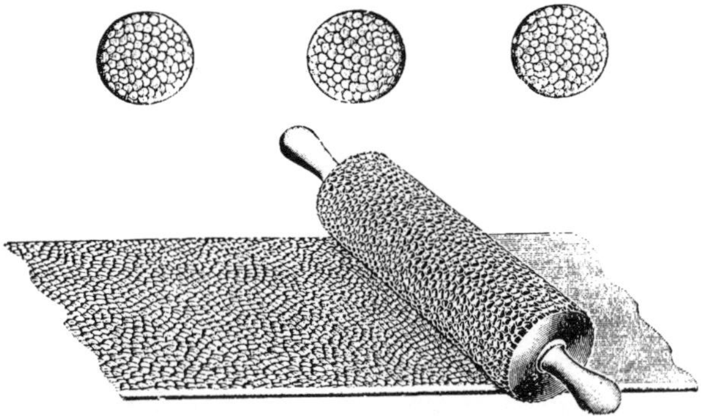

Pflastersteinkuchenwalze mit Pflastersteinkuchen

Berlin

Berlin entstand um 1300 aus der Vereinigung der wendischen Fischerdörfer Berlin und Kölln, war Mitglied der Hanse und somit am regen Handelsgeschehen mitbeteiligt. Einen weiteren Aufschwung nahm die Stadt ab 1486 als landesfürstliche Residenz der brandenburgischen Kurfürsten und preußischen Könige. Diese hatten eine Vorliebe für Lebkuchen, und so findet sich auch das eine oder andere Rezept – vor allem in den bürgerlichen Haushalten, weniger bei den „klassischen Lebzeltern". Ferner wurden Lebkuchen aus Nürnberg, Marzipan aus Lübeck sowie Honigkuchen aus Danzig nach Berlin gebracht und hier mit Gewinn verkauft.
Zwei typische Lebkuchenrezepte aus Berliner Haushalten finden sich im Rezeptteil.

LEBKUCHEN IN POLEN UND IN DER SCHWEIZ

POLEN

Lebkuchen, Pfefferkuchen und Honigkuchen sind noch heute wesentliche Bestandteile der süßen Küche Polens. Letzterer ist – wie Apfel- und Topfenkuchen – in fast jeder Zuckerbäckerei erhältlich, und will man nicht selber backen, kann man dort seinen Vorrat auffrischen.
Die Geschichte des Lebkuchens in Polen hängt eng mit jener der mittelalterlichen Hanse, des Deutschen Ritterordens sowie den deutsch-polnischen

Beziehungen zusammen. Die Weichsel als zentraler Fluß war bereits im Mittelalter Hauptverkehrsader im Gütertransport; Städte wie Thorn, Warschau und Danzig wurden zu Wirtschaftszentren.
Daß Polen eine der Weizenkammern Europas war, läßt sich schon aus den vielfältigen Honigkuchenrezepten erkennen, in denen ausschließlich mit Weizenmehl gebacken wurde. Bis heute wird die Tradition des Lebkuchens gepflegt.
Die polnischen Pfeffer- und Lebkuchen sind oft „echte“ Kuchen, die in den verschiedensten Formen gebacken werden. Der Teig an sich ist meist ein klassischer Lebkuchenteig mit wenig Fett, Gewürzen und Honig.
Bei der Auswahl der Rezepte für dieses Buch wurde aber auch auf regionale Spezialitäten besonders eingegangen (siehe Rezeptteil).

Danzig

Danzig war das „Venedig des Nordens“. Auf der Weichsel kamen Getreideschiffe in die Stadt und von der See her jene der Hanse mit ihren Waren. Danzig war ein einziger riesiger Markt und einer der Hauptumschlagplätze für den Osthandel. In alten Stadtbeschreibungen finden sich Hinweise auf „Honigkuchen“, die überall in Danzig verkauft wurden.

Thorn

„Thorner Katherinchen“ (siehe Rezeptteil) gehen auf eine lange Tradition zurück. Der Name „Katherinchen“ bezieht sich auf die heilige Katharina, deren Festtag der 25. November ist. Dies war der Tag, an dem der Teig des Gebäcks gefertigt wurde, dann mußte er wenigstens 14 Tage ruhen. Die Thorner Katherinchen waren weit über die Grenzen von Thorn bekannt und beliebt. Die ersten Rezepte dafür finden sich in den Klösterküchen; von dort kamen die Katherinchen in jene der Stadtbürger sowie in die Bäckerstuben.

SCHWEIZ

Die reichen Schweizer Handelsherrn legten Wert auf gute Gewürze und gutes Gebäck, und so fand auch dort das Lebkuchenbacken einen guten Boden. Neben den Patrizierhäusern konnte sich aber auch in den altehrwürdigen Klöstern wie St. Gallen die Kunst des Lebkuchenbackens in der Schweiz etablieren.

Basel

Mit mehr als 2000 Jahren ist Basel eine der ältesten Städte der Schweiz.

Hier trafen einander seit der Römerzeit alle wichtigen Verkehrsverbindungen; Märkte, Kaufleute und Geschäftstüchtigkeit prägten das Antlitz der Stadt.
Die „Basler Fasnacht“ ist weit über die Grenzen bekannt und mit ihr auch die „Basler Leckerli“, deren – streng unter Verschluß gehaltenes Rezept – an die 600 Jahre alt sein soll.

LEBKUCHEN ALS KULT- UND BRAUCHTUMS-GEBÄCK

Viele Jahrhunderte lang war der gemodelte Lebkuchen das traditionelle Gebäck für alle Feste des Jahres und des Lebens. Es reicht in die vorchristliche Zeit zurück und wurde von den Klöstern übernommen. Zu Weihnachten wurden verschiedene Motive, wie Mariä Verkündigung, Christi Geburt oder die Heiligen Drei Könige, szenisch dargestellt.
Eine wichtige Rolle spielt(e) der Lebkuchen auch für die „Patenkinder“, die von ihren Godeln (Paten) zu den verschiedensten Festen und Anlässen un-

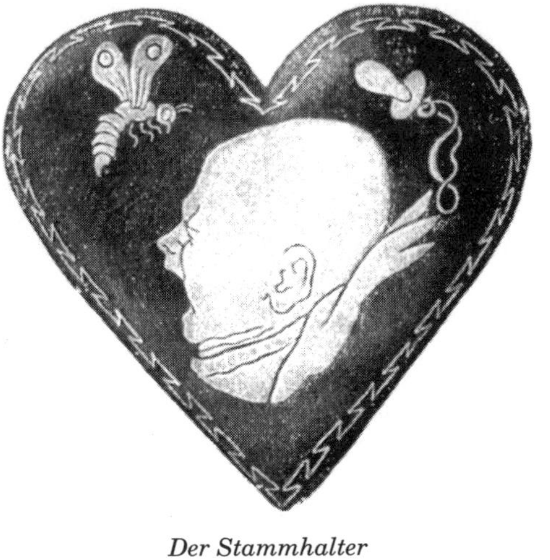

Der Stammhalter

ter anderem auch Lebzelten erhielten. Früher waren diese schön gemodelt und auch als Figuren geformt.

Alle fürtrefflich gewürtzte Lebküchlein zu machen für seine Patenkinder als Geschenk

Man nimmt zu vier Pfund Melis-Zucker
schön Honig ein Maas
eingemachter Pommerantzen-Schalen
und zerschnittenen citronat / jedes 3 Quint
Muskaten-Nuß zwey Loth
Nagelen ein Loth und ein Quint
Cardamömlein ein Loth
Pfeffer anderthalb Loth
gestoßenen Zimmet sechshalb Loth
gießet darüber des besten alten Weins / nach Nothdurfft / lässet es zergehen / und rühret besagt Stücke nacheinander fleißig darein / macht es hernach in einer Back-Multern mit schönem weißen Nürnberger-Mehl zu einem rechten Taig / knetet und würket dann den selbigen wol aus / von diesem Taig wiegt man hernach zu sechs oder acht Lothen ab / formiert es in der Mödel / und bächet es in einem Ofen auf Bretern / und so sie aus dem Ofen gehoben werden / so bräunet man dieselbuge / so man will / mit gar dinnem Honigwasser / nach selbst-Belieben.

Zur Weinlese wurde jede Hand benötigt, und an Essen und Trinken für die Helfer sollte es nicht mangeln. Die Haltbarkeit des Lebkuchens ermöglichte es den Hausfrauen, ihn schon vorzeitig in ausreichender Menge herzustellen. Und so ißt man auch noch heute gern zum neuen Wein oder zum Sturm (in Gärung übergegangener Traubenmost) die sogenannten „Weinbeißer“.
Auch für Hochzeiten gibt es spezielle Lebkuchenrezepte, etwa eine Kärntner Bauerntorte, die sowohl bei Trauungen als auch bei Kirchweihfesten im Lieser- und Katschtal gereicht wird (siehe Rezeptteil).
Die mittelalterlichen Klöster griffen auf altgermanisches Brauchtum zurück, welches sich oft bis heute erhalten hat. Und gerade hier spielen Lebkuchen und Honig eine wesentliche Rolle. So ist es noch immer Sitte, die Lippen des Täuflings (auch des Neugeborenen) nach der Taufe mit Honig und Milch zu bestreichen und ihn so auf das Leben vorzubereiten.
„Pfeffern“ heißt ein Brauch, der noch heute in Franken und der Oberpfalz erhalten ist. Kinder und Jugendliche ziehen mit Wacholder- und Birkenreisern durch die Ortschaften und teilen glückbringende Streiche aus. Dazu sagen sie kurze „Heischesprüche“ auf und erwarten sich Pfeffer- und Lebku-

chen als Gegengabe. Dieser Brauch ist bei den Protestanten am Stephanitag (26. Dezember), bei den Katholiken am Tag der Unschuldigen Kinder (28. Dezember) üblich. Früher war das „Pfeffern" in ganz Mittel- und Süddeutschland verbreitet.

Einen ähnlichen Brauch gab es zu Pauli Bekehrung (25. Januar) in Salzburg, wo die Dorfbuben und -burschen von Hof zu Hof zogen. Sie führten ein Sommer- und ein Winterspiel auf: der Sommer trug Hemdsärmel und einen Fichtenzweig, der Winter rauhe Kotzen und eine Kapuze auf dem Kopf. Die Vorzüge der jeweiligen Jahreszeit wurden in Streitgesprächen vorgetragen; zuletzt siegte der Sommer über den Winter. Dafür gab es natürlich Lebkuchen zur Stärkung.

Ende Januar findet in Gebirgsgegenden das „Lebzelthacken" statt: Unter Scherzen werden große, hart gewordene Lebkuchen vom Heiligen Abend mit einer großen Breithacke zerkleinert und an die Hausgenossen verteilt.

Lebkuchen als Geschenk finden sich in allen vorweihnachtlichen Bräuchen. So wurde den Bergknappen zu Barbara (Barbaratag, 4. Dezember) ein Barbarabrot aus Lebzeltenteig geschenkt.

Am Heiligen Abend werden nicht nur Haus und Christbaum mit Lebkuchen verziert; in Österreich und Schlesien werden sogar die Rinder mit Äpfeln und Lebkuchen verwöhnt, damit auch sie ihr „Festmahl" haben.

Gerade zur Weihnachtszeit gibt es neben den „normalen" Lebkuchen eine Fülle von „Spezialangeboten".

Lebkuchenteige werden zu Hexenhäusern, Adventkalendern, Tannenbäumen und den verschiedensten weihnachtlichen Motiven verarbeitet. Die Produkte erfreuen sich größter Beliebtheit und erfordern viel Geschick und handwerkliches Können.

Kuriositäten

Lebkuchen wurden in den verschiedensten Figuren und Motiven gebacken. Bis ins 18. Jahrhundert wurden einmal im Jahr sogenannte „Kaiserlein" an die Nürnberger Kinder verteilt. Dieser Brauch ging auf das Jahr 1486 zurück, als Kaiser Friedrich III., der anläßlich des Reichstags in der Stadt weilte, an 4000 Kinder Lebkuchen mit seinem Konterfei verteilen ließ. Diese wurden „Kaiserlein" genannt.

Vereinzelt findet in alten Lebkuchenrezepten auch Paprika Verwendung.

Lebkuchen diente auch als Heilmittel. Die sogenannten „Wurmzelten" wa-

ren mit Samen des Wurmfarnes gefüllt und sollten die Eingeweidewürmer, an denen die Menschen früherer Zeiten oft litten, vertreiben.
Im Artzney-Buch des Johann Mayer aus dem Jahr 1568 wird Lebkuchen auch bei anderen Erkrankungen verordnet. Zum einen nennt er die Manus-Christi-Zelten, die neben Zucker und Rosenwasser auch echte Perlen enthalten und allerlei Krankheiten heilen sollten. Allgemein, so schreibt er, helfen die „Zelten“ bei Ohnmachtsanfällen, hitzigem Fieber, schwerem Phantasieren und Wahnvorstellungen.

Lebzelten nach Wirsung (aus einem alten Arzneibuch des Apothekers Wirsung)

Erstlich nimm Waitzen und Rockenmeel jedes bei II pfunden, geleutert honig sovil not ist die anzuknetten, darein vermisch volgendes gewürtz als klein gestossen Zimet 4 loth, Boris, Muscatnuß, Nagelen, jedens 1 loth, langer Pfeffer 1 loth, macis, Golgont jeden 1 Quintlein, Cubebe 1 loth beraiten, Coriander 3 loth.
De form rund oder lang laß inn sanft backen so er schier backen ist, bestreich inn offt mit wein, das gibt inn braune farb.

Künstler-Lebkuchen

Hochzeitskutsche

Um noch einmal auf Nürnberg zurückzukommen: Die „Nürnberger Hochzeitsordnung“ vom Jahre 1485 sah vor, daß kostbares Konfekt auf den Hochzeitstafeln durch Lebkuchen und Lebzelten ersetzt werden sollte.
Königin Elisabeth I. von England ließ „Lebkuchenmänner“ herstellen, die mit Ingwer parfümiert waren. Sie ließ auch kleine Lebkuchen in Form ihres Hofstaates backen. Wie die Ähnlichkeit der Personen hergestellt wurde, ist leider nicht erhalten.
Das englische Ingwerbrot scheint auf kontinentale Lebkuchen-Vorbilder zurückzugehen. In England hat man übrigens eine besondere Vorliebe für Ingwer.
Aber nun in die neueste Zeit: Frau Maria Herz aus St. Aegyd am Neuwalde (Niederösterreich) hat einen Großteil ihres Lebens dem Lebkuchen verschrieben: Sie bäckt weit und breit den besten Lebkuchen in den verschiedensten Formen.
Daß sie hier unsere Aufmerksamkeit verdient, hat folgenden Grund: Sie ist mit dem größten Lebkuchenherz in das „Guiness Buch der Rekorde“ eingegangen.
Doch auch sie hat ihre Vorgänger, denn ein solches Riesenlebkuchenherz findet sich bereits – wie könnte es auch anders sein? – in der Geschichte Nürnbergs: Anläßlich des Besuches von Kurfürst Maximilian II. von Bayern produzierten die Nürnberger Lebzelter einen „Riesenlebkuchen“, und in einem Ehrenzug gingen alle Meister, Gesellen und Lehrjungen der Lebzelterzunft mit.

Teil II:
Rezepte

BACKANLEITUNG

Das Backen von Lebkuchen ist nicht schwieriger und nicht aufwendiger als die Zubereitung anderer Süßwaren.
Im wesentlichen gibt es zwei gravierende Unterschiede – und diese auch nicht bei allen Rezepten: Zum einen die oft langen Rastzeiten und, zum anderen, die oft mengenmäßig groß erscheinenden Gewichtsangaben (d.h. sehr viele der nachstehenden Rezepte ergeben mehrere Backbleche Lebkuchen).
Lebkuchen lebt vom Aroma und der Zartheit des Teiges, und gerade diese beiden Elemente werden durch die obengenannten Backeigenschaften erreicht. Lassen Sie den Teig lieber länger rasten als zu kurz! Er sollte immer kühl rasten. Achten Sie auf das Ablaufdatum der Gewürze; sie verlieren sehr rasch ihren charakteristischen Geschmack. Hierzu noch ein Hinweis: Bewahren Sie Gewürze immer in verschlossenen Gefäßen auf!
Das fertige Gebäck sollte wieder für einige Zeit lagern und so die Möglichkeit haben, das volle Aroma zu entfalten. Die größeren Backmengen eignen sich hervorragend für längere Lagerzeiten und bieten den Vorteil, daß Sie immer frischen Lebkuchen im Haus haben.
Im Rezeptteil finden Sie neben vielen verschiedenen Lebkuchen weitere typische Lebzelterwaren: Makronen, Marzipan, Liköre, usw.

Mengenangaben

1 EL = 1 Eßlöffel
1 KL = 1 Kaffeelöffel
1 TL = 1 Teelöffe
1 MSP = 1 Messerspitze
1 P. = 1 Päckchen

Alle weiteren Gewichtsangaben in Gramm!

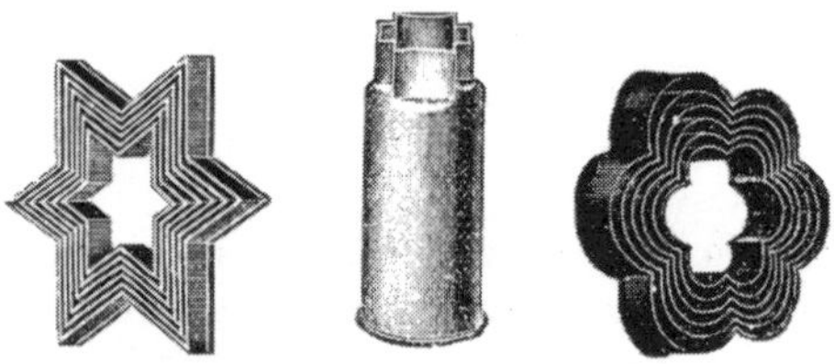

Blechausstechersätze

Springerlform

Rechteck

Rund-Holzformen

Herzen

Ausstech- und Holzformen (Model)

REZEPTE

AACHENER PRINTEN

500 g	**Honig**
150 g	**Kandiszucker**
100 g	**brauner Zucker**
600 g	**Weizenmehl**
50 g	**Aranzini**
1 Prise	**Piment**
3 TL	**Anis**
2 TL	**Koriander**
2 KL	**Zimt**
1 Prise	**Nelkenpulver**
1 MSP	**Kardamom**
etwas	**Natron**
1 Prise	**geriebene Muskatnuß**
5 g	**Pottasche**
5 EL	**Wasser**

Honig, Kandiszucker und Zucker aufkochen und anschließend abkühlen lassen. In der Zwischenzeit wird die Pottasche in Wasser aufgelöst. Das Weizenmehl, Aranzini, alle Gewürze und etwas Natron sowie die Honig-Zucker-Masse werden zu einem festen Teig verknetet.
Er sollte zumindest über Nacht rasten.
Dann wird er etwa 3 mm dick ausgerollt und in Rechtecke geschnitten.

Backzeit: ca. 15 Minuten
Backtemperatur: 220 Grad C

ANISNÜSSE

560 g	**brauner Zucker**
5	**Eier**
560 g	**Mehl**
17 g	**Zimt**
9 g	**gestoßene Gewürznelken**
1 MSP	**Kardamom**
3 EL	**Anis**
1 MSP	**Pfeffer**
	unbehandelte, geriebene Zitronenschale von einer Frucht

Der Zucker wird mit den Eiern in einer Schüssel schaumig gerührt. Mehl, Zimt, gestoßene Nelken, etwas Kardamom, Anis, Pfeffer und die fein gewiegte Schale einer Zitrone mit der Schaummasse verkneten und den Teig halbfingerdick auswalken.
Nun sticht man die Masse mit verschiedenen Formen aus. In diesen Formen sollten die „Nüsse“ über Nacht ruhen.
Hernach legt man sie verkehrt auf ein mit Mehl bestäubtes Blech und bäckt sie in nicht zu heißem Backrohr schön gelblich.

Backzeit: ca. 15 Minuten
Backtemperatur: 150–175 Grad C

ANIS-NUSS-PRINTEN

125 g	**Honig**
50 g	**Zucker**
50 g	**Kandiszucker**
50 g	**Butter**
2 EL	**Milch**
	geriebene, unbehandelte Zitronenschale von einer halben Frucht
1 MSP	**gestoßene Gewürznelken**
1 KL	**Zimt**
1 TL	**Anis**
250 g	**Weizenmehl**
250 g	**Nüsse (Hasel- oder Walnüsse)**
200 g	**Haselnußkerne**

Honig, Zucker, Kandiszucker, Butter und Milch langsam erwärmen und anschließend kalt stellen. Die Gewürze und die Zitronenschale in die erkaltete Masse einrühren. Auf einem Backbrett das mit Backpulver versiebte Weizenmehl und die Nüsse mit der Honigmasse verkneten. Den Teig über Nacht kalt stellen.
Dann den Teig 5 mm dick auswalken und daraus Rechtecke mit einer Länge von ca. 7 cm schneiden. Diese auf ein befettetes Backblech legen, Haselnußkerne grob hacken und auf die Printen streuen.

Backzeit: pro Blech ca. 10 Minuten
Backtemperatur: 175–200 Grad C

TIP
Je nach Geschmack kann man die Printen mit Schokoladeglasur überziehen!

Aranzinileckerli

500 g	**Honig**
700 g	**brauner Zucker**
280 g	**Aranzini**
420 g	**Mandeln**
1/16 l	**Kirschwasser**
	geriebene, unbehandelte Zitronenschale von einer Frucht
70 g	**Zimt**
8 g	**gestoßene Gewürznelken**
1000 g	**Roggen- und Weizenmehl (gemischt, Verhältnis 50:50)**

Den Honig dreimal aufkochen lassen, dann den Zucker hineinrühren und noch einmal kurz aufkochen lassen. Die feingehackten Aranzini und die gerösteten, geschnittenen Mandeln der Honig-Zucker-Masse beifügen. Alles zusammen noch einmal aufkochen lassen und in eine Schüssel zum Überkühlen gießen. Anschließend das Kirschwasser, die Zitronenschale, den Zimt, das Nelkenpulver und das Mehl mit der überkühlten Honigmasse zu einem Teig verkneten. Den Teig in Modelgröße auswalken und mit den Modeln formen oder mit Formen ausstechen.

Backzeit: ca. 15 Minuten
Backtemperatur: 175–200 Grad C

AUGSBURGER ZEIDLERBROT

250 g	**Butter**
400 g	**Honig**
4	**Eier**
250 g	**grob gehackte Haselnüsse**
125 g	**geriebene Mandeln**
125 g	**fein geschnittenes Zitronat**
600 g	**Weizen- und Roggenmehl (Verhältnis 50:50)**
4 TL	**Backpulver**
2 TL	**Zimt**
2 EL	**Kakao**
1 TL	**gestoßene Gewürznelken**
1	**Eigelb**

Butter und Honig cremig rühren. Die Eier nach und nach einschlagen. Alle anderen Zutaten einrühren. Den Teig zwei Stunden rasten lassen. Daraus längliche Brote formen, auf ein Backblech legen und backen.

Backzeit: ca. 50 Minuten
Backtemperatur: 200 Grad C

TIP
Nach dem Backen einige Tage rasten lassen. In Scheiben geschnitten servieren.

Ausserferner Lebkuchen

200 g	**Honig**
170 g	**Rohzucker**
70 g	**Butter**
2	**Eier**
100 g	**geriebene Nüsse (Hasel- oder Walnüsse)**
80 g	**geriebene Schokolade**
100 g	**Rosinen**
70 g	**Aranzini**
30 g	**Zitronat**
3 EL	**Rum**
	etwas Salz
1 P.	**Lebkuchengewürz**
1 P.	**Backpulver**
500 g	**Roggenmehl**

Honig, Butter, Zucker und Eier schaumig rühren. Die Trockenfrüchte faschieren oder fein hacken, Nüsse und Schokolade mit den übrigen Zutaten und dem mit Backpulver versiebten Mehl zu einem Teig kneten.
Diesen zumindest 24 Stunden an einem kühlen Ort rasten lassen.
Auf einem bemehlten Brett nicht zu dünn auswalken und beliebige Formen ausstechen. Mit Eiklar oder Ei bestreichen, mit Mandeln verzieren und backen.

Backzeit: ca. 15 Minuten
Backtemperatur: 175 Grad C

Basler Brauns

3	**Eier**
300 g	**Zucker**
500 g	**Mandeln**
1 TL	**Zimt**
125 g	**geriebene Schokolade**
2	**Gläschen Kirschwasser**

Eier und Zucker schaumig rühren. Die blanchierten und geriebenen Mandeln, Zimt, die geriebene Schokolade und das Kirschwasser in die Masse einrühren.
Den Teig 5 mm dick ausrollen und in Bogenformen ausstechen.

Backzeit: ca. 20 Minuten
Backtemperatur: 160 Grad C

Basler Leckerli I

350 g	**Honig**
200 g	**Zucker**
12 g	**Pottasche**
600 g	**Mehl**
1	**Gläschen Kirschwasser**
90 g	**gehackte Mandeln**
65 g	**gehacktes Zitronat**
65 g	**gehackte Aranzini**
1 EL	**Zimt**
1 MSP	**gestoßene Gewürznelken**
1 MSP	**geriebene Muskatnuß**

Honig und Zucker aufkochen lassen, anschließend überkühlen. Die Pottasche löst man in einem Gläschen Kirschwasser.
Auf ein Backbrett siebt man das Mehl, fügt die gehackten Mandeln, das gehackte Zitronat und die gehackten Aranzini sowie alle Gewürze hinzu und verknetet sämtliche Zutaten zu einem festen Teig.
Die Masse sollte zumindest über Nacht ruhen.
Den Teig auf die Größe des Backblechs auswalken und backen.

Backzeit: ca. 30 Minuten
Backtemperatur: 200 Grad C

TIP
Die fertigen und überkühlten Leckerli mit Zuckerglasur (Rezept siehe Basler Leckerli II) überziehen und nach dem Trocknen der Glasur in Recht- oder Dreiecke schneiden!

BASLER LECKERLI II

250 g	**Honig**
250 g	**brauner Zucker**
1 TL	**Zimt**
1/2 TL	**gestoßene Gewürznelken**
1 Prise	**geriebene Muskatnuß**
	geriebene, unbehandelte Zitronenschale von einer Frucht
200 g	**grob geriebene Mandeln**
100 g	**Zitronat oder Aranzini**
400 g	**Mehl**
2 TL	**Backpulver**

Honig und Zucker langsam auf kleinster Flamme erhitzen. Die Masse anschließend erkalten lassen und die Gewürze beifügen.
Auf dem Backbrett werden die grob geriebenen Mandeln, feingewürfeltes Zitronat bzw. Aranzini und das mit Backpulver versiebte Mehl vorbereitet. Nun werden die Honigmasse und die genannten Zutaten auf dem Backbrett miteinander zu einem weichen Teig verknetet. Der fertige Teig wird auf einem gut gefetteten Backblech 5 mm dick ausgerollt und in das vorgeheizte Backrohr geschoben.

Backzeit: ca. 20 Minuten
Backtemperatur: 175–200 Grad C

Nach dem Backen löst man die Basler Leckerli sofort vom Blech und bestreicht sie mit einer Zuckerglasur.

Zuckerglasur

3 EL	**Wasser**
75 g	**Zucker**

Wasser und Zucker werden so lange gekocht, bis die Flüssigkeit in einem lang nachziehenden Tropfen vom Löffel fällt.

Mit der heißen Glasur bestrichen, schneidet man die Leckerli in 3 x 4 cm große Rauten und reicht sie zu Kaffee und Tee – und dies nicht nur zur Weihnachtszeit!

TIP: Sollten Sie die Basler Leckerli länger lagern wollen, so geben Sie ein Stück Apfel zur Bäckerei! Sie werden staunen, wie lange die Leckerli frisch und saftig bleiben.

Basler Schokoladebäckerei

150 g	**Mandeln**
150 g	**Staubzucker**
1 Prise	**Zimt**
100 g	**Schokolade**
2	**Eiklar (Eiweiß)**

Die ungeschält geriebenen Mandeln, der Zucker, etwas Zimt und die geriebene Schokolade werden mit soviel Eiklar vermischt, daß eine formbare Masse entsteht. Anschließend läßt man diese 1 Stunde rasten, walkt sie auf dem mit einer Mischung von Mehl und Zucker bestaubten Brett dünn aus, sticht daraus Formen aus, und bäckt diese im Rohr.

Backzeit: ca. 15 Minuten
Backtemperatur: 150–170 Grad C

BERLINER BROT

2	**Eier**
2 EL	**warmes Wasser**
250 g	**Farinzucker**
65 g	**Apfelkraut (eine Berliner Spezialität; diese kann durch Apfelgelee oder andere Marmelade [Konfitüre] ersetzt werden)**
1 Gläschen	**Rum**
1 MSP	**gestoßene Gewürznelken**
1 EL	**Zimt**
65 g	**geriebene Schokolade**
125 g	**Mandeln**
250 g	**griffiges Mehl**
1 TL	**Backpulver**

Eier, Wasser, Zucker und Apfelkraut werden gut verrührt. Nach und nach werden die ungeschälten, fein geriebenen Mandeln, die Gewürze, der Rum, die Schokolade und das mit dem Backpulver versiebte Mehl untergerührt. Die Masse wird auf ein befettetes Backblech verteilt und gebacken.

Backzeit: ca. 20 Minuten
Backtemperatur: 200–225 Grad C

Nach dem Backen wird das Berliner Brot mit Eiweißglasur (Rezept siehe Seite 87) glasiert und mit Zitronat bestreut. Nach dem Trocknen der Glasur wird es in Schnitten geteilt.

Berliner Pflastersteine

350 g	**Honig**
100 g	**Zucker**
50 g	**Butter**
600 g	**Mehl**
70 g	**Mandeln**
2 EL	**Rum**
	geriebene, unbehandelte Zitronenschale von einer Frucht
2 EL	**Zimt**
1 MSP	**gestoßene Gewürznelken**
1 MSP	**Ingwerpulver**
	Rosenwasser oder Rum nach Geschmack
10 g	**Pottasche**

Honig, Butter und Zucker im Topf erhitzen. Die Masse abkühlen lassen. Anschließend Mehl, die gehackten Mandeln, die Zitronenschale, die Gewürze, den Rum oder das Rosenwasser sowie die Pottasche auf einem Backbrett häufen und mit der abgekühlten Honigmasse verkneten.
Danach sollte man den Teig mindestens über Nacht rasten lassen!
Eine 2 cm dicke Rolle daraus formen und davon 2 cm lange Stücke abschneiden. Diese Stücke zu Kugeln formen und jeweils vier nebeneinander auf ein Blech setzen.

Backzeit: ca. 15 Minuten
Backtemperatur: 180 Grad C

Die Pflastersteine verschlossen aufbewahren und einige Tage kühl stellen. Möchte man das Aroma des Gebäcks verfeinern, gibt man zu den Berliner Pflastersteinen Orangen und Orangenschale. Nach Lust und Laune kann man sie auch mit Eiweißglasur (Rezept siehe Seite 87) überziehen.

Pflasterstein-Kuchenring

BRAUNER LEBKUCHEN

1000 g	**Honig**
500 g	**Zucker**
1000 g	**Mehl**
3 bis 4	**Eier**
1 Gläschen	**Cognac (im Originalrezept aus dem 19. Jh. wurde Franzbranntwein verwendet)**
10 g	**Pottasche**
250 g	**geriebene Mandeln**
8 g	**Kardamom**
2 g	**Zimt**
1 g	**gestoßene Gewürznelken**
1 TL	**Ingwerpulver**
1 TL	**geriebene Muskatnuß**

Honig und Zucker werden aufgekocht und mit dem Mehl vermischt. Die Mischung wird gut verrührt und über Nacht stehen gelassen. Am nächsten Tag knetet man die Eier in die Masse ein. Die Pottasche wird im Cognac aufgelöst und in die Honig-Zucker-Ei-Masse gegeben, gemeinsam mit den Gewürzen und den ungeschälten, geriebenen Mandeln knetet man den Teig eine halbe Stunde. Dann walkt man ihn fingerdick aus, legt ihn auf ein befettetes Backblech und bäckt ihn im heißen Rohr.

Backzeit: ca. 25 Minuten
Backtemperatur: 175 Grad C

Nach dem Backen wird die Oberfläche mit Zuckerglasur (Rezept siehe Seite 55) glasiert und der Lebkuchen noch warm in Stücke geschnitten.

Brauner Modellebkuchen

1/2 l	**Honig**
1000–1300 g	**Mehl**
7	**Eier**
560 g	**brauner Zucker**
210 g	**Zitronat**
210 g	**Aranzini**
	geriebene, unbehandelte Zitronenschale von zwei Früchten
70 g	**Zimt**
17 g	**gestoßene Gewürznelken**
2 MSP	**Hirschhornsalz**
200 g	**Mandeln**

Man bringt den Honig zum Kochen und läßt ihn hernach ziemlich erkalten. Anschließend wird soviel feines Mehl hineingerührt, daß der Teig langsam herüberzieht, wenn man die Schüssel auf die Seite neigt. Nun stellt man ihn zugedeckt an einen warmen Ort.
Unterdessen werden die Eier mit dem Zucker cremig gerührt, das fein geschnittene Zitronat und die Aranzini, die geriebene Zitronenschale, der Zimt, die Gewürznelken, das Hirschhornsalz, die grob geschnittenen Mandeln und soviel feines Mehl dazugefügt, daß dieser Teig leicht auszuwalken ist.
Diese Masse wird mit der Honigmasse vermengt, in eine Schüssel getan und über Nacht an einen warmen Ort gestellt. Am nächsten Tag wird der Teig auf dem Backbrett leicht zusammengearbeitet und das restliche Mehl eingeknetet. Dann walkt man ihn in fingerdicke Stücke und drückt diese in die Modelform.
Die Model wurde vorher mit Mehl bestaubt, der Teig hineingedrückt und aus der Form geschlagen.
Nun wird der Lebkuchen auf ein befettetes Backblech gelegt und gebacken.

Backzeit: ca. 20 Minuten
Backtemperatur: 175–200 Grad C

Nach dem Herausnehmen werden die Lebkuchen raschest, solange sie noch heiß sind, mit Zuckerwasser (ist stark mit Wasser verdünnte Zuckerglasur, siehe Seite 55) überstrichen!

Brauner Weihnachtskuchen

2500 g	**Mehl**
500 g	**brauner Zucker**
2500 g	**Honig**
750 g	**Butter**
1 MSP	**Hirschhornsalz**
50 g	**Pottasche**
1 EL	**Zimt**
1/2 EL	**gestoßene Gewürznelken**
350 g	**Mandeln**
6	**unbehandelte Zitronen**
150 g	**Aranzini**
150 g	**Zitronat**
2 EL	**Rosenwasser**

Das Mehl wird in ein tiefes Gefäß gegeben. In der Mitte macht man ein Loch und fügt den Zucker, das Hirschhornsalz, die Pottasche, Zimt, Gewürznelken, die geriebenen Mandeln, die geriebene Schale der Zitronen, das gehackte Zitronat und die zerkleinerten Aranzini hinzu.
Nun wird der Honig erwärmt, ohne ihn kochen zu lassen. Man gibt die Butter und die in ein wenig Rosenwasser aufgelöste Pottasche dazu. Die Honig-Butter-Masse wird auf das mit den genannten Zutaten vermengte Mehl gegossen und auf dem Backbrett zu einem Teig verarbeitet.
Dieser Teig muß 3–4 Tage rasten. Dann wird er dünn ausgewalkt und zu kleinen, runden Kuchen ausgestochen. Die Oberfläche wird mit gehackten Mandeln bestreut.

Backzeit: ca. 10 Minuten
Backtemperatur: 175 Grad C

CHRISTBAUMBEHANG

600 g	**Weizen- und Roggenmehl (gemischt, Verhältnis 50:50)**
1 P.	**Backpulver**
300 g	**brauner Zucker**
2	**Eier**
150 g	**Honig**
etwas	**Milch**
1 MSP	**gestoßene Gewürznelken**
1 KL	**Zimt**
	geriebene, unbehandelte Zitronenschale von einer halben Frucht
2 Gläschen	**Rum**
1	**Ei zum Bestreichen**

Alle Zutaten werden gut durchgeknetet. Den Teig läßt man zumindest 2 Stunden rasten, dann walkt man ihn etwa 5 mm dick aus, sticht Ringe und andere Christbaumformen aus, bepinselt sie mit dem verquirlten Ei und bäckt sie.

Backzeit: ca. 15 Minuten
Backtemperatur: 175–200 Grad C

Nach dem Backen überpinselt man die Christbaumformen mit Zitronenglasur.

Zitronenglasur

200 g	**feinster Staubzucker**
2	**Eiklar (Eiweiß)**
2 EL	**Zitronensaft**

Den Staubzucker mit den Eiklar und dem Zitronensaft etwa 15 Minuten rühren, etwas eindicken lassen und den Christbaumbehang damit glasieren.

DANZIGER HONIGKUCHEN

500 g	**Honig**
500 g	**Zucker**
250 g	**Schweineschmalz oder Butter**
1000 g	**Mehl**
4	**Eier**
3 TL	**Natron**
1/8 l	**Milch**
1 TL	**Zimt**
1 MSP	**gestoßene Gewürznelken**
1 MSP	**Ingwerpulver**
1 MSP	**Kardamom**
	Nüsse (Hasel- oder Walnüsse), Aranzini oder Zitronat nach Geschmack
	Marzipanrohmasse
	Zwetschkenmarmelade

Honig, Zucker und Schweineschmalz oder Butter bei schwacher Hitze erhitzen. Die Masse abkühlen lassen. Nach und nach das Mehl, die Eier, das in lauwarmer Milch aufgelöste Natron sowie den Zimt, die Gewürznelken, Ingwer und Kardamom beifügen und den Teig fest kneten. Nach Geschmack gehackte Nüsse, Aranzini oder Zitronat dem Teig beimengen und diesen 24 Stunden an einem kühlen Platz rasten lassen.
Anschließend den Teig in 3 gleich große Platten teilen und diese backen, bis sie hellbraun sind.

Backdauer: ca. 40 Minuten
Backtemperatur: 180 Grad C

Nimmt man die Teigplatten aus dem Backrohr, sind diese hart. Nun werden sie mit einer dünnen Marzipanschicht (Rohmarzipan je nach Geschmack) gefüllt und zu einem Kuchen zusammengefügt.
Nach dem Füllen muß der Kuchen mit Pergamentpapier bedeckt und mit einem Gewicht beschwert werden. Bis zum Verzehr sollte er zumindest 1 Woche gelagert werden.
Dieser Honigkuchen hält bei kühler Lagerung besonders lange frisch.

TIP
Liebhaber von Zwetschkenmarmelade können die Teigplatten auch damit füllen!

Elisenlebkuchen

3	**Eier**
250 g	**Rohzucker**
250 g	**geriebene Mandeln**
6 g	**Zimt**
	geriebene, unbehandelte Zitronenschale von einer halben Frucht
1 Prise	**gestoßene Gewürznelken**
70 g	**fein geschnittenes Zitronat**
	Backoblaten
	Zuckerguß (Staubzucker, mit Eiweiß angerührt)

Eier und Zucker eine halbe Stunde schaumig rühren. Mandeln, Zitronat und Gewürze hinzufügen und alles gut durchmischen. Die Masse etwa 1 cm dick auf runde Oblaten streichen. Den Rand etwas freilassen.

Backzeit: ca. 15 Minuten
Backtemperatur: 180 Grad C

Noch warm mit dem Zuckerguß (Rezept siehe Seite 90) überziehen und evtl. mit buntem Streuzucker bestreuen!

Eine historische Werbung für Nürnberger Lebkuchen

Haeberlein-Metzger
fröhliche Weihnachten
CHTE
Nürnberger Lebkuchen

ENGLISCHES INGWERBROT

100 g	**Butter**
100 g	**brauner Rohrzucker**
1	**Ei**
250 g	**Honig**
250 g	**Mehl**
1 P.	**Backpulver**
1 TL	**Ingwerpulver**
1/2 TL	**gestoßene Gewürznelken**
1/8 l	**Wasser**

Butter, Rohrzucker und das Ei schaumig rühren. In diese Masse nach und nach Honig, das mit dem Backpulver versiebte Mehl, Ingwer, Gewürznelken und 1/8 l heißes Wasser einrühren.
Den Teig in einer Kastenform backen.

Backzeit: ca. 60 Minuten
Backtemperatur: 180 Grad C

TIP
Wer den Geschmack von Ingwer besonders liebt, kann den Kuchen noch mit Ingwerguß und kandiertem Ingwer bearbeiten. Ingwerguß wird hergestellt wie Zuckerguß (Rezept siehe Seite 90), der zusätzlich mit Ingwerpulver gewürzt wird.

Oben: Lebkuchenverkauf im 19. Jahrhundert
Unten: Lebkuchenkrippe mit Heiligenfiguren

FORMLEBKUCHEN (GRUNDREZEPT)

1500 g	**Roggenmehl**
600 g	**Honig**
500 g	**brauner Zucker**
7	**Eier**
3 TL	**Natron**
3 EL	**Zimt**
1 TL	**gestoßene Gewürznelken**
1 TL	**Kardamom**
1 TL	**Piment**
	unbehandelte Zitronen- und Orangenschale von drei Früchten

Honig und Rohzucker werden aufgekocht. In die noch heiße Masse werden die Gewürze sowie die geriebene Zitronen- bzw. Orangenschale eingerührt. Mehl, Natron, die versprudelten Eier und die abgekühlte Honig-Zucker-Masse werden auf dem Backbrett gut verknetet. Der Teig muß mindestens über Nacht rasten. Anschließend wird er nicht zu dünn ausgewalkt, in Formen ausgestochen und auf ein mit Wachs bestrichenes Backblech gelegt. Nun wird der Lebkuchen mit verquirltem Ei bestrichen und nicht zu lange gebacken.

Backzeit: ca. 15 Minuten
Backtemperatur: 175–200 Grad C

FRANKFURTER BETHMÄNNCHEN

250 g	**Mandeln**
1	**Eiklar (Eiweiß)**
3 EL	**Rosenwasser**
2–3 EL	**Zitronensaft**
20 g	**Kartoffelstärke**
	Mandeln, halbiert und geschält, nach Bedarf

Die geschälten und fein geriebenen Mandeln, das steif geschlagene Eiklar, das Rosenwasser und den Zitronensaft mit der Kartoffelstärke vermischen. Nun formt man aus der Mandelmasse Kugeln mit 2 cm Durchmesser und drückt an jede Kugel 3 halbe Mandeln.
Die Bethmännchen stellt man auf ein mit Backpapier überzogenes Blech und läßt sie über Nacht trocknen. Dann schiebt man sie in das Backrohr und backt sie bei schwacher Hitze.

Backzeit: 45 Minuten
Backtemperatur: 140 Grad C

FRANKFURTER BRENTEN

250 g	**Rohmarzipan**
1	**Eiklar (Eiweiß)**
60 g	**Mehl**
250 g	**feinster Staubzucker**

Das Rohmarzipan mit dem Eiklar und dem Staubzucker verkneten. Stück für Stück des Teiges auf die Form- oder Modelgröße 5 mm dick ausrollen und in Holzmodeln drücken oder in die gewünschte Form schneiden.
Die Brenten 24 Stunden trocken stellen und dann im Backrohr mehr trocknen als backen.

Backzeit: ca. 20 Minuten
Backtemperatur: 140 Grad C

Gefüllte Bissen

120 g	**Honig**
120 g	**brauner Zucker**
100 g	**Butter**
1 TL	**Zimt**
1 MSP	**gestoßene Gewürznelken**
1 MSP	**Ingwerpulver**
1	**Ei**
	etwas Wasser
1 EL	**Kakao**
5 g	**Hirschhornsalz**
	etwas lauwarme Milch
500 g	**griffiges Mehl**

Gefüllte Herzform

Honig, Zucker und Butter zergehen lassen. Nun rührt man in die Masse die Gewürze, das mit Wasser verquirlte Ei, den Kakao und das in lauwarmer Milch aufgelöste Hirschhornsalz ein. Die Honig-Zucker-Masse wird mit dem Mehl zu einem Teig verknetet. Die Hälfte des Teiges 5 mm dick ausrollen, auf ein befettetes Backblech legen und mit der Fülle bestreichen, dann die zweite Hälfte des Teiges darüberrollen und backen.

Fülle

120 g	**geriebene Haselnüsse**
120 g	**Rosinen**
250 g	**Apfelgelee (kann durch eine beliebige Konfitüre ersetzt werden)**
	etwas Zitronensaft

Alle Zutaten werden gut vermengt.

Backzeit: ca. 30 Minuten
Backtemperatur: 175–200 Grad C

TIP
Die Gefüllten Bissen können nach Belieben mit Schokoladeglasur (Rezept siehe Seite 113) oder Tunkmasse überzogen werden!

GEFÜLLTER TIROLER LEBKUCHEN

200 g	**Honig**
200 g	**brauner Zucker**
2	**Eier**
400 g	**Roggenmehl**
1 P.	**Backpulver**
1 TL	**Ingwerpulver**
1 MSP	**geriebene Muskatnuß**
1 MSP	**Piment**
1 TL	**Pfeffer**
2 EL	**Zimt**

Das Roggenmehl mit Backpulver, Ingwer, Muskatnuß, Piment, Pfeffer und Zimt vermengen. Honig mit braunem Zucker aufkochen, dann abkühlen lassen. Eier, Honig-Zucker-Mischung und die Mehl-Gewürz-Mischung miteinander gut durchkneten. Den Teig kurz rasten lassen und dann halbfingerdick auswalken. Er wird auf ein befettetes Blech gelegt und hellbraun gebacken.

Backzeit: ca. 20 Minuten
Backtemperatur: 175–200 Grad C

Nach dem Backen wird der Kuchen in zwei gleich große Teile geschnitten, in ein feuchtes Tuch eingeschlagen und zumindest 48 Stunden gelagert.

Fülle

300 g	**saftige Dörrzwetschken**
100 g	**Rosinen**
200 g	**Datteln**
200 g	**Kletzen (getrocknete Birnen)**
100 g	**geriebene Walnüsse**
50 g	**Zitronat**
50 g	**Aranzini**
	Rum, Zimt und Zucker nach Geschmack

Die Dörrzwetschken werden entkernt, die Rosinen, die Datteln, die in etwas Wasser weich gekochten Kletzen, die geriebenen Walnüsse sowie das Zitronat und die Aranzini – alle Zutaten fein gehackt oder faschiert – mit etwas

Rum, Zimt, Zucker und dem Kletzenkochwasser vermischt und zu einer zähen Füllmasse verrührt.
Diese Fülle wird auf den einen der beiden Lebkuchenteile verteilt und der andere fest aufgedrückt.
Der fertige Lebkuchen wird mit einem Tuch abgedeckt und mit einem Brett beschwert. Nun wird der Tiroler Lebkuchen weitere 48 Stunden kühl gestellt. Danach überzieht man ihn mit Schokoladeglasur (Rezept siehe Seite 113) und schneidet ihn nach dem Trocknen der Glasur in Stücke.

Gewürznelkenlebkuchen

250 g	**Honig**
250 g	**brauner Zucker**
17 g	**geriebene Muskatnuß**
17 g	**gestoßene Gewürznelken**
3	**Eier**
500 g	**Roggen- und Weizenmehl (gemischt, Verhältnis 50:50)**

Honig und Zucker aufkochen lassen, grob geriebene Muskatnuß und Gewürznelken einrühren.
Aus den Eiklar wird unterdessen Schnee geschlagen. Die Honigmasse überkühlen lassen, dann die Eidotter einrühren und das gemischte Mehl unterrühren. Den Eischnee unterheben.
Den Teig auf ein befettetes Backblech streichen und backen.

Backzeit: ca. 20 Minuten
Backtemperatur: 175 Grad C

Den erkalteten Lebkuchen in Streifen schneiden und mit Schokoladeglasur (Rezept siehe Seite 113) überziehen.

GEWÜRZSTÜCKE

300 g	**Honig**
1/16 l	**Wasser**
30 g	**Butter**
170 g	**kandierte Früchte**
120 g	**gehackte Haselnüsse**
120 g	**gehackte Rosinen**
250 g	**Roggen- und Weizenmehl (Mischung nach Belieben)**
10 g	**Natron**
1 EL	**Zimt**
1 MSP	**gestoßene Gewürznelken**
1 MSP	**Piment**

Honig mit Wasser und Butter aufkochen und anschließend kalt stellen. Kandierte Früchte, grob gehackte Haselnüsse, gehackte Rosinen, Weizen- und Roggenmehlmischung, mit Natron vermengt, Zimt, Gewürznelken und Piment auf dem Backbrett aufhäufen und mit der abgekühlten Honigmasse zu einem Teig verkneten. Diesen einige Zeit rasten lassen.
Nun den Teig zu Stangen von 2–3 cm Breite formen, diese auf ein befettetes Backblech legen, in das vorgewärmte Rohr schieben und bei stärkerer Hitze backen.

Backzeit: ca. 15 Minuten
Backtemperatur: 200 Grad C

Die Stangen in Keile schneiden und mit folgender Zitronenglasur bestreichen:

Zitronenglasur

100 g	**feinster Staubzucker**
1 EL	**Zitronensaft**

Die Zutaten gut verrühren und nach Bedarf verwenden.

GUTER, WEICHER LEBKUCHEN ZUM VERSCHENKEN

250 g	**Honig**
500 g	**griffiges Mehl**
1 P.	**Backpulver**
100 g	**geriebene Nüsse (Hasel- oder Walnüsse)**
120 g	**brauner Zucker**
2	**Eier**
60 g	**Öl**
	unbehandelte, geriebene Zitronenschale von einer Frucht
1 KL	**Zimt**
1 MSP	**gestoßene Gewürznelken**
1 MSP	**Piment**
1/8 l	**Milch**
30 g	**Rosinen**
30 g	**gehackte Aranzini**
30 g	**gehackte Nüsse (Hasel- oder Walnüsse)**

Den Honig erwärmen und nach und nach alle Gewürze, den Zucker, die Eier, Nüsse, Aranzini, Rosinen und das Öl einrühren. Schließlich das mit dem Backpulver versiebte Mehl abwechselnd mit der Milch unterheben.
Den Teig auf ein befettetes Backblech streichen und vor dem Backen mit einer Gabel einstechen.
Nach dem Backen auf dem Blech erkalten lassen und erst danach in Stücke schneiden.

Backzeit: ca. 40 Minuten
Backtemperatur: ca. 200 Grad C

HASELNUSSLEBKUCHEN

3	**Eier**
200 g	**Honig**
50 g	**brauner Zucker**
150 g	**kandierte Früchte**
400 g	**geriebene Haselnüsse**
1 TL	**Zimt**
1 MSP	**klein gehackte Muskatblüte**
1 MSP	**Kardamom**
1 MSP	**geriebene Muskatnuß**
	Backoblaten

Die Eier mit dem Honig und dem braunen Zucker schaumig rühren und danach die Gewürze hinzufügen. Nun werden die geriebenen Haselnüsse und die klein gehackten kandierten Früchte in die Ei-Zucker-Masse eingerührt. Jeweils 1 EL Teig auf eine Oblate streichen und mit einer Haselnuß in der Mitte verzieren. Über Nacht trocknen lassen. Am nächsten Tag backen.

Backzeit: ca. 20 Minuten
Backtemperatur: 160 Grad C

HEXENHAUS

Grundrezept für die Lebkuchenteile

750 g	**Honig**
180 g	**brauner Zucker**
100 g	**Schmalz**
2	**Eier**
1125 g	**Roggenmehl**
250 g	**Mandeln**
	Salz nach Bedarf
2 EL	**Zimt**
1 TL	**gestoßene Gewürznelken**
1 TL	**geriebene Muskatnuß**
1 TL	**Piment**
20 g	**Hirschhornsalz**
	etwas Wasser

Dekorierröhrchen (-tülle)

Der Honig wird mit dem braunen Zucker, Salz und dem Schmalz aufgekocht. Anschließend läßt man die Honigmasse erkalten.
Danach wird sie mit dem Roggenmehl, den gemahlenen Mandeln, Eiern, Zimt, Nelken, Muskatnuß, Piment und dem in Wasser aufgelösten Hirschhornsalz verknetet.
Den Teig mindestens 24 Stunden rasten lassen, anschließend 5 mm dick ausrollen und auf ein Backblech zum Backen auflegen.

Backzeit: ca. 20 Minuten.
Backtemperatur: 180 Grad C

TIP
Es gibt zwei Varianten, das „Hexenhaus" zu bauen: entweder walkt man die einzelnen Teile bereits in Form und bäckt sie, oder man schneidet gebackene Teigplatten nach dem Backen in die richtige Form.
Der gebackene Teig muß sehr trocken und fest sein.
Verziert und zusammengefügt wird das Haus mit verschiedenfarbigem „Eis", Schokoladeglasur, Schokoladebonbons, Streusel und allem, worauf man Lust und Laune hat.

Eis

1	**Eiklar**
160 g	**Zucker**
div.	**Lebensmittelfarben**

Das Eiklar zu steifem Schnee schlagen, dann nach und nach den Zucker einschlagen, bis die Masse so dickflüssig ist, daß sie nicht mehr vom Löffelrücken rinnt. Nach Belieben mit verschiedenen Lebensmittelfarben färben.

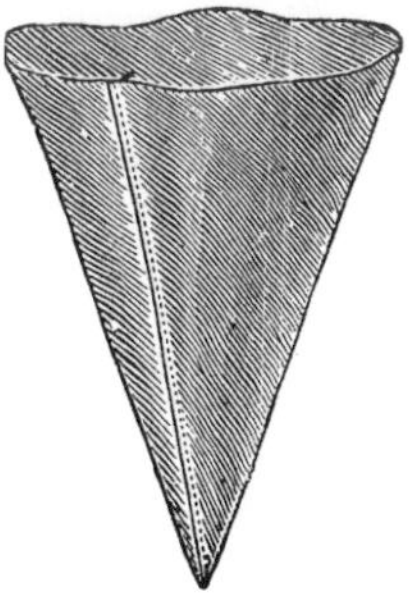

Dressierbeutel

Honigbrot nach der Art Karls des Grossen

500 g	**Honig**
500 g	**Roggenmehl**
12 g	**Pottasche**

fakultativ

2	**Eidotter**
50 g	**Zucker**
1 MSP	**Ingwerpulver**
1 KL	**Anis**

Honig aufkochen, unter Rühren abkühlen, bis er lauwarm ist. Nun mischt man eine Handvoll Roggenmehl in die Masse und fügt die Pottasche hinzu. Diese Masse läßt man an einem warmen Ort aufgehen. Dann mischt man das restliche Roggenmehl dazu und gibt, so man den Teig verfeinern möchte, 2 Eidotter, Zucker, Ingwer und Anis dazu. Dann drückt man den Teig zweifingerdick in eine bebutterte, glatte Form und bäckt das Honigbrot bei starker Hitze.

Backzeit: ca. 25 Minuten
Backtemperatur: 175 Grad C

HONIGBUSSERL

250 g	**Honig**
100 g	**brauner Zucker**
2	**Eier**
400 g	**griffiges Mehl**
1 P.	**Backpulver**
1 P.	**Vanillezucker**
1 EL	**Zimt**
1 TL	**gestoßene Gewürznelken**
	unbehandelte, geriebene Zitronenschale von einer Frucht

Honig mit dem braunen Zucker aufkochen und auskühlen lassen. In diese Honigmasse rührt man die Eier und das mit dem Backpulver versiebte griffige Mehl, den Vanillezucker, Zimt, Gewürznelken und die Zitronenschale. Mit dem Löffel kleine Busserl ausstechen, auf ein gut befettetes Backblech legen und backen.

Backzeit: ca. 15 Minuten
Backtemperatur: 175–200 Grad C

TIP
Dieses Rezept stammt von einer Winzerin, die die Busserl hauptsächlich zur Weinlese oder zur Sturmprobe (Sturm ist in Gärung übergegangener Traubenmost) bäckt.
Die Busserl eignen sich hervorragend zum Aufbewahren und können so vor der arbeitsintensiven Weinlese hergestellt werden. Sollten sie austrocknen, gibt man ein feuchtes Tuch zwischen Deckel und Aufbewahrungsdose. Schon nach kurzer Zeit hat das Gebäck die Feuchtigkeit angezogen.

Honiglebkuchen in der Form

80 g	**Butter**
2	**Eier**
200 g	**brauner Zucker**
1 EL	**Zimt**
1 MSP	**gestoßene Gewürznelken**
1 MSP	**Kardamom**
1 MSP	**Piment**
250 g	**Honig**
250 g	**Roggenmehl**
1 P.	**Backpulver**
4 EL	**Rum**
250 g	**kandierte Früchte (gemischt nach Geschmack: Zitronat, Aranzini, Kirschen oder Kürbis)**
	bei Bedarf Milch

Butter, Zucker, Eier und Gewürze schaumig rühren. In die Masse den Honig und das mit Backpulver versiebte Roggenmehl, den Rum sowie die gehackten kandierten Früchte einrühren. Sollte der Teig zu fest werden, kann man einige EL Milch beifügen.
Nun füllt man den Teig in eine befettete und bemehlte Kastenform und bäckt ihn im vorgeheizten Rohr. Die Oberfläche des Kuchens sollte zumindest in der ersten Backhälfte mit Alufolie abgedeckt werden, da sie sonst zu dunkel wird.

Backzeit: ca. 70 Minuten
Backtemperatur: 160 Grad C

INGWERBÄCKEREI

2 Eier
2 Eidotter
280 g brauner Zucker
2 KL Ingwerpulver
1 g Hirschhornsalz
280 g Mehl

Dotter und Eier mit braunem Zucker schaumig rühren. Ingwerpulver, Hirschhornsalz und Mehl in die Eimasse mischen.
Den Teig 3 mm dünn auswalken, Formen ausstechen und auf ein befettetes Backblech legen. Die Masse sollte während des Backens doppelt so hoch werden.

Backzeit: ca. 20 Minuten
Backtemperatur: 150 Grad C

TIP
Ingwerbäckerei muß einige Tage trocken liegen, damit sie so richtig gut wird!

INGWERKRAPFERLN

280 g Mehl
100 g Honig
100 g Rohzucker
100 g Butter
2 Eier
15 g Ingwerpulver

Die Zutaten werden gut zu einem Teig verknetet und dieser messerrückendick ausgewalkt. Daraus werden Krapfen ausgestochen und im Backrohr hell gebacken.

Backzeit: ca. 10 Minuten
Backtemperatur: 175–200 Grad C

Kaffeelebkuchen als Christbaumbehang

150 g	**Zucker**
100 g	**Honig**
100 g	**Butter**
500 g	**Mehl**
1 P.	**Vanillezucker**
	unbehandelte, geriebene Zitronenschale von einer Frucht
1/4 l	**schwarzer Kaffee**
2 EL	**Zimt**

Honig und Zucker zusammen aufkochen. Das mit dem Backpulver versiebte Mehl wird mit der Butter abgebröselt und mit der Honig-Zucker-Masse sowie dem Vanillezucker, der Zitronenschale, dem schwarzen Kaffee und Zimt durchgeknetet und zu einem glatten Teig verarbeitet.
Daraus werden verschiedene Formen ausgestochen und gebacken.

Backzeit: ca. 15 Minuten
Backtemperatur: 175–200 Grad C

Die Formen werden mit Eiweißglasur (Rezept siehe Seite 100) verziert und mit buntem Streusel bestreut.

Verschiedene Lebkuchenformen mit farbiger Verzierung

Fröhliche
Weihnacht

FROHE
WEIHNACHT
Ein frohes Fest

Fini's Feinstes
ROGGENMEHL
Der Unterschied

Katherinchen aus Schlesien

250 g	**Honig**
250 g	**brauner Zucker**
900 g	**Weizenmehl**
12 g	**Pottasche**
1 TL	**Zimt**
1 TL	**gestoßene Gewürznelken**
3 EL	**Rum**
75 g	**gehackte Mandeln**

Den braunen Zucker, den Honig und die halbe Menge Mehl vermischen. Die zweite Hälfte des Mehls mit Pottasche, Zimt, Gewürznelken, Rum und den gehackten Mandeln vermengen und mit der Honigmasse verkneten.
Den Teig 2 Stunden rasten lassen und dann in der Katherinchenform ausstechen, auf ein Backblech legen und backen.

Backzeit: 10 Minuten
Backtemperatur: 180 Grad C

Katherinchenform

KATSCHTALER SCHEITERHAUFEN ODER KÄRNTNER BAUERNTORTE

je nach Form

	Butterschmalz
	Honig
	Brösel
	altes Weißbrot, Striezel, Milchbrot oder Reinling
	Schnaps oder Rum
	Zimt
	Piment
	Koriander
	unbehandelte, abgeriebene Zitronenschale von einer Frucht
	Zucker
6–9	**Eier**
	Lebkuchenreste oder Schnittlebkuchen

Eine große Backpfanne mit etwas Butterschmalz (oder Butter) und einigen Löffeln Honig dick bestreichen. Mit Bröseln einstreuen, dann dicht aufeinander halbfingerdicke Schnitten von altem Milchbrot, Reinling (eine Art von Gugelhupf = Napfkuchen) oder Weißbrot legen, die zuvor in Milch, welche mit Schnaps oder Rum, Zimt, Neugewürz, Koriander, Zitronenschale, etwas Zucker und 6–9 verquirlten Eiern vermischt wurde, getaucht wurden. Auf diese Lage eine Lage Lebkuchenscheiben von „Herztaferln“ oder Schnittlebkuchen legen und mit der Eiermischung übergießen. Insgesamt sechs Lagen einlegen. Den Abschluß bildet eine Schicht Weißbrot oder Reinling. Im heißen Backrohr langsam backen.

Backzeit: ca. 30 Minuten
Backtemperatur: 175–200 Grad C

Fertig gebacken wird die Kärntner Bauerntorte gestürzt und mit „Honigschmalz“ übergossen.

Honigschmalz

3 Teile Butter und 1 Teil Honig mit Zimt und etwas Zucker verrühren und einmal aufkochen lassen.

Lebkuchenbusserl

420 g	**brauner Zucker**
4	**Eier**
1 TL	**Zimt**
1 TL	**gestoßene Gewürznelken**
100 g	**Honig**
600 g	**griffiges Mehl**
10 g	**Natron**

Den braunen Zucker mit den Eiern, Zimt und Gewürznelken schaumig rühren. Den Honig in die Eimasse einrühren. Dann wird das Mehl mit dem Natron versiebt auf ein Backbrett gehäuft. In die Mitte des Mehls gibt man die schaumig gerührte Ei-Zucker-Honigmasse und knetet alles gut durch. Anschließend formt man eine Rolle, schneidet davon ca. 1 cm lange Stücke ab und formt nußgroße Kugeln, die man auf ein befettetes Backblech legt.

Backzeit: ca. 15 Minuten
Backtemperatur: 175–200 Grad C

Die Busserl werden mit Schokoladeglasur (Rezept siehe Seite 113) überzogen und mit Dotterglasur verziert.

Dotterglasur

200 g	**feinster Staubzucker**
2–3	**Eidotter**

Staubzucker (Puderzucker) wird mit den Eidottern zu einer dickflüssigen, glasierfähigen Masse verrührt.

Lebkuchenherz

500 g	**Roggenmehl**
1 1/2 EL	**Natron**
250 g	**brauner Zucker**
60 g	**Nüsse (Hasel- oder Walnüsse)**
60 g	**Aranzini**
60 g	**Zitronat**
2	**Eier**
80 g	**Honig**
80 g	**Butter**
2 EL	**Zimt**
1 KL	**Ingwerpulver**
1 KL	**gestoßene Gewürznelken**
1 KL	**Kardamom**
1 MSP	**gestoßene Muskatblüte**

Das Roggenmehl mit dem Natron versieben, den braunen Zucker, die geriebenen Nüsse, fein geschnittenes Zitronat und Aranzini, die Eier, den Honig, die zerlassene Butter, Zimt, Ingwer, Gewürznelken, Kardamom und Muskatblüte mit der Roggenmehlmischung auf dem Backbrett gut verkneten und mindestens 24 Stunden rasten lassen.
Den Teig nicht zu dünn auswalken und Herzen in allen Größen ausstechen oder nach Formen ausschneiden. Noch einmal mehrere Stunden in der fertigen Form rasten lassen. Mit verquirltem Ei bestreichen und auf ein mit Backwachs ausgestrichenes Backblech zum Backen legen. Große Lebkuchenherzen mit Gabeln anstechen, damit sie sich nicht werfen. Will man die Herzen mit Mandeln verzieren, legt man die halbierten und blanchierten Mandeln vor dem Backen auf.

Backzeit: ca. 20 Minuten
Backtemperatur: 175–200 Grad C

Mit buntem „Eis" (Rezept siehe Seite 75) verzieren.

LEBKUCHEN MIT NÜSSEN

560 g	**Roggenmehl**
420 g	**Nüsse (Hasel- und Walnüsse gemischt)**
140 g	**Honig**
400 g	**brauner Zucker**
15 g	**Pottasche**
2 EL	**Zimt**
1 KL	**gestoßene Gewürznelken**
1 KL	**Kardamom**
1 MSP	**geriebene Muskatnuß**

Roggenmehl, die gemahlenen Nüsse (nach Geschmack gemischt), Honig, brauner Zucker, Pottasche, Zimt, gemahlene Gewürznelken, Kardamom und Muskatnuß werden zusammen auf einem Brett gemischt und zu einem Teig verknetet. Dieser wird über Nacht rasten gelassen. Anschließend wird er auf einem bemehlten Brett 5 mm dick ausgerollt, daraus werden verschiedene Formen ausgestochen, diese mit Ei bestrichen und auf ein befettetes und bemehltes Backblech zum Backen gelegt.

Backzeit: ca. 10 Minuten
Backtemperatur: 175–200 Grad C

Ausgekühlt mit Eiweißglasur (Rezept siehe Seite 100) bestreichen.

LEBZELTEN

300 g	**Mehl**
200 g	**Rohzucker**
2	**Eier**
50 g	**Honig**
1 MSP	**geriebene Muskatnuß**
1 EL	**Zimt**
1 MSP	**Piment**
2 MSP	**Natron**

Alle Zutaten werden auf dem Brett zu einem Teig verknetet, den man zumindest über Nacht rasten läßt. Dann den Teig nicht zu dünn auswalken und mit einem runden Ausstecher ausstechen. Die Lebzelten auf einem befetteten Backblech backen.

Backzeit: ca. 15 Minuten
Backtemperatur: 175 Grad C

Die Lebzeltscheiben mit „Eis" (Rezept siehe Seite 75) verzieren.

LEBZELT-SPITZEN

(überliefertes Rezept einer niederösterreichischen Bäuerin)

120 g	**Honig**
120 g	**Zucker**
10 EL	**Öl**
1	**Ei**
1 KL	**Zimt**
1 MSP	**gestoßene Gewürznelken**
1 MSP	**Ingwerpulver**
1 EL	**Kakao**
450 g	**griffiges Weizenmehl**
1 P.	**Backpulver**
50 g	**Haselnüsse**
50 g	**Kartoffelstärke**
	Ribiselmarmelade (Johannisbeerkonfitüre)

Honig, Zucker und Mehl gemeinsam aufkochen lassen und anschließend überkühlen. Ei, Zimt, Gewürznelken, etwas Ingwer, den Kakao, die geriebenen Haselnüsse, die Kartoffelstärke, das mit Backpulver versiebte Mehl und die Milch in die Honigmasse einrühren.
Die Hälfte des Teiges auf ein befettetes Backblech streichen, abgerührte Ribiselmarmelade aufstreichen und sie mit der anderen Hälfte des Teiges bedecken. Den Lebkuchen im vorgewärmten Backrohr backen.

Backzeit: ca. 30 Minuten
Backtemperatur: 175–200 Grad C

Der ausgekühlte Lebkuchen wird mit Kakao- und Eiweißglasur überzogen und mit abgezogenen halbierten Mandeln verziert.

Kakaoglasur

200 g	**Staubzucker**
4 EL	**Rum**
1 EL	**Kakao**

Staubzucker mit Rum und Kakao dickflüssig verrühren.

Eiweißglasur

200 g	**Staubzucker**
2–3	**Eiklar (Eiweiß)**

Eiweiß und Staubzucker werden dickflüssig miteinander verrührt.
Die Glasur trocknen lassen und den Lebkuchen dann in Stücke schneiden.

LIEGNITZER BÖMBCHEN

In Liegnitz selbst gibt es selbstverständlich die speziellen Backformen für diese Spezialität zu kaufen. Wenn Sie keine Formen besitzen, können Sie diese ganz einfach selbst herstellen: Auf Alufolie Kreise mit ca. 15 cm Durchmesser aufzeichnen, diese ausschneiden und an einem passenden Becher in die Höhe drücken. Alle Förmchen sollten einen gleichmäßig hohen Rand aufweisen.

200 g	**Honig**
100 g	**brauner Zucker**
65 g	**Butter**
2 EL	**Milch**
3	**Eier**
	unbehandelte, geriebene Zitronenschale von einer Frucht
1 EL	**Zimt**
1 TL	**Kardamom**
1 TL	**gestoßene Gewürznelken**
1 EL	**Kakao**
250 g	**Weizenmehl**
50 g	**Rosinen**
80 g	**Mandeln**
50 g	**Zitronat**

Liegnitzer Bömbchen

Honig, Zucker, Butter und Milch langsam erwärmen und überkühlt in eine Schüssel geben. Die Honigmasse mit den Eiern, der fein gehackten Zitronenschale, Zimt, Kardamom, Nelken und Kakao verrühren. Ist die Masse schaumig, fügt man das Weizenmehl, die Rosinen, die gehackten Mandeln und das Zitronat bei.
Den Teig eßlöffelweise in die befetteten Folienförmchen verteilen und diese auf ein Backblech stellen.

Backzeit: ca. 15 Minuten.
Backtemperatur: 175–200 Grad C

Die Bömbchen mit erwärmter Marmelade (Konfitüre) bestreichen und mit Schokoladeglasur (Rezept siehe Seite 113) überziehen.

TIP
Richtig gut schmecken die Liegnitzer Bömbchen, wenn man sie zumindest einige Tage durchziehen läßt!

LIEGNITZER HONIGKUCHEN

400 g	**Honig**
200 g	**brauner Zucker**
8 EL	**Milch**
150 g	**Butter**
4	**Eier**
	etwas Rum
4 Tropfen	**Bittermandelöl**
1 TL	**Zimt**
1/2 TL	**Ingwerpulver**
1 MSP	**Kardamom**
1 MSP	**gestoßene Muskatblüte**
1 MSP	**gestoßene Gewürznelken**
500 g	**Weizenmehl**
1 P.	**Backpulver**
150 g	**Walnüsse**
150 g	**getrocknete Marillen (Aprikosen)**
150 g	**Feigen**
150 g	**Datteln**

Honig, Zucker, Milch und Butter erwärmen, anschließend die Masse abkühlen lassen. In die überkühlte Honigmasse die Eier, Rum, Bittermandelöl, Zimt, Ingwer, Kardamom, gemahlene Muskatblüte und Gewürznelken einrühren.
Das Mehl mit dem Backpulver versieben und mit den geriebenen Walnüssen und den geschnittenen Trockenfrüchten in die Honigmasse einrühren. Sollte sie zu dickflüssig werden, kann etwas Milch beigefügt werden.
Den Kuchen in eine befettete Kranzform füllen.

Backzeit: gut eine Stunde
Backtemperatur: 175–200 Grad C

Lübecker Marzipankuchen

150 g	**Rohmarzipan**
7	**Eier**
70 g	**Honig**
50 g	**brauner Zucker**
200 g	**Schokolade**
4 EL	**Rum**
4 EL	**Kaffee**
150 g	**griffiges Mehl**
1 KL	**Backpulver**
50 g	**gehackte Mandeln**
	etwas Salz

Marzipan, Eidotter, Honig, Zucker, etwas Salz, die erweichte Schokolade, den Rum und den Kaffee gut verrühren.
Das mit dem Backpulver versiebte Mehl und die gehackten Mandeln in den Teig einrühren. Zum Schluß den steif geschlagenen Eischnee unterheben.
Eine Kastenform befetten und den Teig einfüllen.
Auf der untersten Schiene des Backrohrs backen.

Backzeit: ca. 50 Minuten
Backtemperatur: 175 Grad C

Zuckerguß

200 g	**feinster Staubzucker**
2–3 EL	**Wasser**

Den Staubzucker mit dem Wasser glattrühren, bis eine dickflüssige Masse entsteht.
Den Kuchen sofort nach dem Backen mit der Glasur überziehen und mit Kaffeebohnen verzieren!

LUZERNER LEBKUCHEN MIT NIDEL

(Sahne bzw. Obers)

170 g	**Zucker**
160 g	**Birnensaft**
8 EL	**Kirschwasser**
8 EL	**Wasser**
20 g	**Lebkuchengewürz**
30 g	**Öl**
300 ml	**Milch**
100 ml	**Obers (Sahne)**
580 g	**Ruchmehl**
2 g	**Salz**
1 EL	**Natron**

Zucker, Kirschwasser, Wasser, Birnensaft, Öl und Lebkuchengewürz vermischen, Milch und Rahm beigeben und weitermischen. Ruchmehl, Salz und Natron hinzufügen und gut verkneten.
Die Hände bemehlen und Laibe von 350 g formen. Das Backblech gut befetten und die Laibe daraufsetzen. Mit Milch bestreichen und im vorgewärmten Backrohr backen.

Backzeit: ca. 40–50 Minuten
Backtemperatur: 180–190 Grad C

Die Lebkuchen sind gut und schön, wenn sie fein reißen. Serviert werden sie auf einem Holzbrett, mit flüssigem oder geschlagenem Rahm (Sahne oder Obers).

MANDELLEBKUCHEN

500 g	**Honig**
3	**Eier**
100 g	**Aranzini**
600 g	**Roggen- und Weizenmehl (gemischt, Verhältnis 50:50)**
200 g	**geriebene Mandeln**
1 P.	**Backpulver**
6 EL	**Milch**
	unbehandelte, geriebene Zitronenschale von einer Frucht
2 EL	**Zimt**
1 MSP	**gestoßene Gewürznelken**
1 TL	**Piment**
1	**Ei zum Bestreichen**
	kandierte Kirschen und halbierte, blanchierte Mandeln nach Bedarf

Honig mit den Eiern gut verrühren, Zitronenschale, Aranzini, Zimt, Gewürznelken und Piment beifügen und weiterrühren. Roggen- und Weizenmehl, vermischt mit Backpulver, sowie geriebene Mandeln und die Milch in die Honigmasse einrühren. Den Teig auf ein befettetes Backblech auftragen und seine Oberfläche mit einem geschlagenen Ei bestreichen.
Der Lebkuchen kann vor dem Backen mit kandierten Kirschen und abgezogenen, halbierten Mandeln belegt werden.

Backzeit: ca. 30 Minuten
Backtemperatur: 175 Grad C

Den Mandellebkuchen nach dem Backen abkühlen lassen und in Stücke schneiden.
Vor dem Verzehr einige Tage durchziehen lassen!

MARZIPAN (Grundrezept)

250 g	**Mandeln**
200 g	**Honig**
1 EL	**Rosenwasser**
2–3	**Tropfen Bittermandelöl**

Die geschälten, feinst geriebenen Mandeln mit einem möglichst festen Honig, dem Rosenwasser oder 2–3 Tropfen Bittermandelöl gut verkneten.
24 Stunden stehen lassen, damit sich die Masse gut weiterverarbeiten läßt.

MARZIPANMAKRONEN

160 g	**Rohmarzipan (entweder gekauft oder nach dem Grundrezept gefertigt)**
30 g	**Staubzucker**
20 g	**Butter**
	Eiklar (Eiweiß) nach Bedarf
	Marillenmarmelade (Aprikosenkonfitüre) nach Bedarf
	Kandierte Früchte nach Bedarf

Rohmarzipan mit Staubzucker, Butter und wenig Eiklar glattrühren. Gerade soviel Eiklar einrühren, daß eine dressierfähige, glatte Masse entsteht. Beim Aufspritzen sollte sie die Form behalten und nicht auseinanderfließen. Mit dem Dressiersack kann man verschiedene Formen, wie Rosetten, Ringe, Zipfe oder Sterne, aufspritzen, die mit kandierten Früchten belegt werden. Die Makronen läßt man 2 bis 3 Stunden trocknen, anschließend werden sie bei starker Oberhitze überbacken.

Backzeit: ca. 20 Minuten
Backtemperatur: 230–250 Grad C

Das Gebäck wird mit kochendheißer Marillenmarmelade (Aprikosenkonfitüre) bepinselt.
Kurz übertrocknen lassen!

MÜNCHNER LEBZELTEN

650 g	**Roggenmehl**
1/8 l	**Honig**
1/4 l	**Wasser**
150 g	**Sauerteig**
1 TL	**Salz**
1 g	**gestoßene Gewürznelken**
2–3 g	**Zimt**
1 g	**geriebene Muskatnuß**
1 g	**Pfeffer**
2–3 g	**Ingwerpulver**
3 g	**Anis**

Alle Zutaten zu einem Teig verkneten, diesen rasten lassen und neuerlich verkneten. Es wird nicht sofort das ganze Mehl beigefügt, sondern nach und nach. Den Teig zumindest 2 Tage rasten lassen. Dann Formen schneiden oder ausstechen und diese langsam backen.

Backzeit: ca. 15 Minuten
Backtemperatur: 175 Grad C

Nach dem Backen mit „Eis" (Rezept siehe Seite 75) glasieren!

Maximilian Dosio: Fliegende Herzen

Muskazinerln

250 g	**brauner Zucker**
2	**Eier**
250 g	**geriebene Mandeln**
1 MSP	**gestoßene Gewürznelken**
1 KL	**Zimt**
1 EL	**geriebene Muskatnuß oder gestoßene Muskatblüten**
40 g	**Mehl**
	Backoblaten

Die Eiklar werden zu Schnee geschlagen und anschließend der braune Zucker eingeschlagen. Dann werden die geriebenen Mandeln untergehoben und die gestoßenen Gewürznelken, der Zimt, die geriebene Muskatnuß sowie das Mehl leicht untergerührt!
Der Teig wird auf runde Oblaten verteilt und bei mäßiger Temperatur gebacken.

Backzeit: ca. 15 Minuten
Backtemperatur: 175 Grad C

NONNENKRAPFERLN

350–400 g	**geriebener Kochlebkuchen oder Lebkuchenreste**
350–400 g	**geriebene Mandeln**
210 g	**Zucker**
120 g	**geriebene Kochschokolade**
	unbehandelte, geriebene Zitronenschale von einer Frucht
2 EL	**Zimt**
1 KL	**geriebene Gewürznelken**
35 g	**gehacktes Zitronat**
1	**Ei**
	etwas Wein

Man reibt eine starke Handvoll Kochlebkuchen, läßt ebensoviel gestoßene Mandeln in 140 g geläutertem (gebräuntem) Zucker sieden. Ist diese Masse ausgekühlt, rührt man 70 g gestoßenen Zucker (Kristallzucker), ein wenig Zimt und die Gewürznelken, fein geriebene Zitronenschale, die geriebene Schokolade und das Zitronat mit einem Ei und soviel Wein, wie das Durchfeuchten erfordert, gut darunter.
Nun bereitet man einen Nudelteig, wozu jedoch nußgroß Butter und – statt Salz – der restliche Zucker kommen. Der Teig wird dünn ausgewalkt, mit Hilfe einer Kaffeetasse oder einem runden Stecher werden Plätzchen ausgestochen. Anschließend gibt man auf die eine Hälfte eines jeden Plätzchens ein nußgroßes Häufchen von der oben beschriebenen Masse und schlagt, nachdem der innere Rand mit verklopftem Ei bestrichen wurde, die leere Hälfte darüber, drückt die Kräpfchen leicht an und bäckt die halbmondartigen Förmchen auf einem mit bemehltem Backpapier belegten Blech im nicht zu heißen Backrohr mehr weiß als gelblich.

Nudelteig

300 g	**glattes Weizenmehl**
2	**Eier**
3 EL	**Wasser**
	etwas Butter
	etwas Öl

Die Zutaten zu einem Teig verkneten, diesen mit Öl bestreichen und bis zum Weiterverarbeiten bedeckt mindestens eine Stunde rasten lassen.

Backzeit: 20 Minuten
Backtemperatur: 175 Grad C

NÜRNBERGER LEBKUCHEN (ohne Honig)

4	**Eiklar (Eiweiß)**
300 g	**Zucker**
300 g	**Mandeln**
50 g	**Aranzini**
50 g	**Zitronat**
	unbehandelte, geriebene Zitronenschale von einer Frucht
1 EL	**Zimt**
1 MSP	**gestoßene Gewürznelken**
1 MSP	**Piment**
1 MSP	**gestoßene Muskatblüte**
1 MSP	**Kardamom**
	Backoblaten

Eiklar steif schlagen, Zucker einschlagen, dann mischt man die ungeschälten geriebenen Mandeln, die fein geschnittenen Aranzini und Zitronat sowie die Gewürze und die geriebene Zitronenschale darunter. Anschließend wird die Masse fingerdick auf die rechteckig geschnittenen Oblaten gestrichen und im Rohr gebacken.

Backzeit: ca. 20 Minuten
Backtemperatur: 175–200 Grad C

Die fertigen Lebkuchen werden mit Zuckerwasserglasur (ist stark mit Wasser verdünnte Zuckerglasur, Rezept siehe Seite 55) bestrichen.

Nürnberger Marzipan

280 g	**Stärkemehl**
280 g	**Mehl**
560 g	**Staubzucker**
4	**Eier**
	Saft einer halben Zitrone
2 EL	**Rosenwasser**
1–2 EL	**Anis**

Der zu verwendende Zucker und das Mehl sollten vor dem Gebrauch bereits mehrere Stunden an einem warmen Ort bereitgestellt werden.
Eier, Zitronensaft, Rosenwasser, Mehl, Stärkemehl sowie Zucker werden zu einem trockenen Teig verknetet.
Abgedeckt wird er eine Stunde zur Seite gestellt. Anschließend wird der Teig etwas stärker ausgewalkt und auf ein befettetes und mit Anis bestreutes Backblech gelegt.
Das Marzipan darf nur so lange im Ofen bleiben, bis es etwas aufgestiegen und hart geworden ist. Die Farbe sollte schneeweiß bleiben.

Backzeit: ca. 20 Minuten
Backtemperatur: 100–150 Grad C

NÜRNBERGER PFEFFERKUCHEN

280 g	**Zucker**
5	**Eier**
1 MSP	**gestoßene Gewürznelken**
1 MSP	**gestoßene Muskatblüte**
1 KL	**Zimt**
1 MSP	**Kardamom**
	unbehandelte, geriebene Zitronenschale von einer Frucht
140 g	**Mandeln**
50 g	**Zitronat**
50 g	**Aranzini**
70 g	**Weizenmehl**
70 g	**Kartoffelstärke**
	halbierte Mandelkerne
	Backoblaten

Zucker und Eier im Wasserbad schaumig schlagen. Dann hebt man die Gewürze, die geriebene Zitronenschale, die geriebenen Mandeln, das fein geschnittene Zitronat und die Aranzini, das Weizenmehl und die Kartoffelstärke in die Masse unter und streicht den Teig fingerdick auf kartenförmige Oblaten. Die Pfefferkuchen werden mit halbierten geschälten Mandeln verziert und gebacken.

Backzeit: ca. 20 Minuten
Backtemperatur: 175–200 Grad C

NUSS-HONIG-KUCHEN

250 g	**Honig**
120 g	**Staubzucker**
3	**Eier**
	unbehandelte, geriebene Zitronenschale von einer Frucht
3 EL	**Rum**
200 g	**geriebene Nüsse (Hasel- und Walnüsse gemischt)**
300 g	**Roggen- und Weizenmehl (im Verhältnis 50:50)**
1 P.	**Backpulver**

Honig und Staubzucker leicht erwärmen, die Dotter, abgeriebene Zitronenschale und Rum schaumig rühren.
Das Eiweiß zu steifem Schnee schlagen und abwechselnd mit den geriebenen Nüssen und dem mit Backpulver versiebten Roggen- und Weizenmehl in die Honig-Ei-Mischung unterheben. Den Teig in eine befettete und bemehlte Kastenform füllen und backen.

Backzeit: ca. 60 Minuten
Backtemperatur: 175 Grad C

Eiweißglasur

200 g	**Staubzucker**
	Eiklar (Eiweiß) nach Bedarf

Staubzucker mit Eiweiß und Wasser glattrühren und den ausgekühlten Kuchen damit glasieren.

Den ausgekühlten Kuchen mit der Eiweißglasur bestreichen und nach Geschmack mit Rosinen, Zitronat und kandierten Kirschen garnieren!

OSTPREUSSISCHER PFEFFERKUCHEN

370 g	**Honig**
250 g	**brauner Zucker**
50 g	**Butter**
750 g	**Mehl**
2	**Eier**
1 TL	**gestoßene Gewürznelken**
2 EL	**Zimt**
	unbehandelte, geriebene Zitronen- und Orangenschale von jeweils einer Frucht
1 TL	**Pottasche**
1 TL	**Hirschhornsalz**
	etwas lauwarmes Wasser
100 g	**grob gehackte Mandeln**

Honig, Zucker und Butter werden aufgekocht und unter Rühren über das Mehl gegossen. Sobald die Masse abgekühlt ist, wird sie mit den Eiern, den Gewürzen, der geriebenen Orangen- bzw. Zitronenschale und den in wenig lauwarmem Wasser aufgelösten Treibmitteln tüchtig durchgeknetet. Zuletzt werden die Mandeln daruntergegeben. Der Teig wird auf zwei Backbleche ausgerollt und gebacken.

Backzeit: ca. 20 Minuten
Backtemperatur: 175–200 Grad C

Der fertige Kuchen wird in viereckige Stücke geschnitten und noch heiß mit Eiweißglasur (Rezept siehe Seite 100) bestrichen.

Pfefferkuchen einfach

150 g	**Honig**
120 g	**brauner Zucker**
20 g	**Schmalz oder Margarine**
1 TL	**Hirschhornsalz**
1 TL	**Pfeffer**
2 EL	**Zimt**
1 MSP	**Kardamom**
1 TL	**gestoßene Gewürznelken**
	etwas lauwarmes Wasser
250 g	**Roggenmehl**

Honig, brauner Zucker, Schmalz (kann durch Margarine ersetzt werden), etwas Pfeffer, Zimt, Kardamom, Gewürznelken und Hirschhornsalz, in wenig lauwarmem Wasser aufgelöst, sowie Roggenmehl werden auf dem Backbrett verarbeitet. Der Pfefferkuchen wird auf ein befettetes Blech verteilt und gebacken.

Backzeit: ca. 20 Minuten
Backtemperatur: 175 Grad C

PFEFFERKUCHEN NACH HETMANSART

150 g	**Butter**
300 g	**Honig**
200 g	**brauner Zucker**
4	**Eier**
2 EL	**Zimt**
1 MSP	**gestoßene Gewürznelken**
1 TL	**Ingwerpulver**
1 MSP	**Piment**
200 ml	**Obers (Sahne)**
500 g	**Mehl**
1 TL	**Ammoniumkarbonat**
	etwas Milch

Butter, Honig und Zucker schaumig rühren, dann die Dotter der Eier einzeln dazugeben, Zimt, Gewürznelken, Ingwer, Piment, Obers, das Mehl und 1 TL Ammoniumkarbonat (das zuvor in etwas Milch gelöst wurde) abwechselnd mit dem Schnee von dem Eiklar (Eiweiß) unterheben.
Die Masse in eine befettete und mit Semmelbröseln ausgestreute Form geben und backen.

Backzeit: ca. 50 Minuten
Backtemperatur: 175–200 Grad C

TIP
Den fertigen Pfefferkuchen einige Tage – in ein feuchtes Tuch eingeschlagen – rasten lassen.

Pfefferkuchen nach Slasker Art

400 g	**brauner Zucker**
4	**Eier**
100 ml	**helles Bier**
50 g	**Butter**
1 TL	**Zimt**
1 MSP	**gestoßene Gewürznelken**
1 MSP	**Pfeffer**
1 MSP	**Piment**
1 MSP	**Muskatnuß**
400 g	**Mehl**
1 P.	**Backpulver**
	Semmelbrösel

Die Dotter mit braunem Zucker schaumig rühren. Die Eiweiß zu Schnee schlagen. In die Dottermasse Bier, die zerlassene Butter, den Zimt, Nelkenpulver, Pfeffer, Piment und Muskatnuß einschlagen. Dann das Mehl, vermischt mit Backpulver, und den Eischnee unterheben.
Eine Kastenform befetten und mit Semmelbröseln ausstreuen. Die Masse einfüllen und backen.

Backzeit: ca. 50 Minuten
Backtemperatur: 175–200 Grad C

Pfeffernüsse

250 g	**Rohzucker**
2	**Eier**
40 g	**Aranzini**
	unbehandelte, geriebene Zitronenschale von einer Frucht
1 EL	**Zimt**
1 KL	**gestoßene Gewürznelken**
250 g	**Mehl**

Rohzucker mit den Eiern schaumig schlagen, klein geschnittene Aranzini, geriebene Zitronenschale, Zimt und Gewürznelken nach Geschmack beifügen, cremig rühren und abschließend mit Mehl vermischen. Aus der Masse kleine Kugeln formen, die auf ein befettetes Backrohr gelegt und anschließend gebacken werden.

Backzeit: ca. 20 Minuten
Backtemperatur: 175–200 Grad C

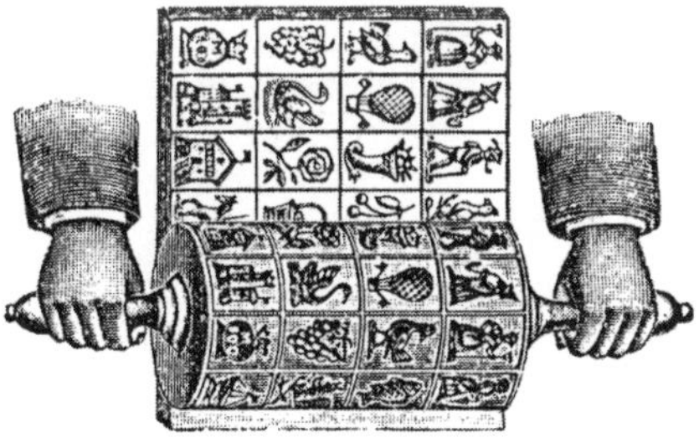

Alte Bilderwalze aus Hartholz für Pfeffernüsse

PFEFFERNÜSSE MIT WEISSEM PFEFFER

500 g	**Weizen- und Roggenmehl (gemischt, Verhältnis 50:50)**
1 P.	**Backpulver**
100 g	**brauner Zucker**
	unbehandelte, geriebene Zitronenschale von einer Frucht
1 MSP	**Ingwerpulver**
1 MSP	**Kardamom**
1 MSP	**gestoßene Gewürznelken**
1 EL	**Zimt**
1 TL	**Weißer Pfeffer**
2	**Eier**
200 g	**Honig**
	nach Wunsch kandierte Früchte oder andere Trockenfrüchte bzw. Nüsse (Hasel- oder Walnüsse), max. 100 g

Das Mehl, mit dem Backpulver versiebt, wird auf ein Backbrett geschüttet. In das Mehl den braunen Zucker, die geriebene Zitronenschale, Ingwer, Kardamom, Gewürznelken und Weißen Pfeffer sowie Zimt mischen. Diese Mehl-Gewürz-Mischung mit den Eiern und dem Honig verkneten. In die Masse kann man noch gehackte Mandeln oder Aranzini bzw. Zitronat geben. Den Teig gut durchkneten und etwas rasten lassen.
Eine Teigrolle mit ca. 3 cm Durchmesser formen. 1-cm-Stücke abschneiden und Nüsse formen. Diese auf ein befettetes Backblech legen und backen.

Backzeit: ca. 15 Minuten
Backtemperatur: 175–200 Grad C

Überkühlt mit Eiweiß- bzw. Zitronenglasur (Rezepte siehe Seite 100 bzw. Seite 72) überziehen.

PISTAZIENLEBKUCHEN

500 g	**Honig**
250 g	**brauner Zucker**
750 g	**Mehl**
125 g	**geriebene Schokolade**
125 g	**Zitronat**
125 g	**Pistazien**
1 TL	**Zimt**
1 EL	**Kakao**
1 TL	**gestoßene Gewürznelken**
2 TL	**Hirschhornsalz**
	etwas Wasser
	Rosenwasser oder Rum nach Bedarf

Honig, braunen Zucker, Mehl, geriebene Schokolade, fein gewürfeltes Zitronat, fein gehackte Pistazien, Zimt, Kakao, gestoßene Gewürznelken und das in Wasser aufgelöste Hirschhornsalz verkneten.
Der Teig sollte 4 bis 6 Tage rasten. In Backblechgröße auswalken, auf ein befettetes Backblech legen und backen.
Falls vorhanden und gewünscht, kann man den rohen Teig vor dem Backen mit Rosenwasser oder Rum bestreichen.

Backzeit: ca. 30 Minuten
Backtemperatur: 180 Grad C

Das Gebäck warm vom Backblech lösen und in Quadrate schneiden. Diese mit Schokoladeglasur (Rezept siehe Seite 113) glasieren und mit Pistazien bestreuen.

POLNISCHE PFEFFERKÜCHLEIN

450 g	**Weizenmehl**
100 g	**Honig**
50 g	**Germ (Hefe)**
2 EL	**Zimt**
1 MSP	**gestoßene Gewürznelken**
1 MSP	**Ingwerpulver**
1 MSP	**Piment**
1 TL	**Pfeffer**
50 g	**Butter**
50 ml	**Kaffee**
120 ml	**Milch**

Aus 50 g Mehl, der Germ und etwas lauwarmer Milch einen Vorteig ansetzen und aufgehen lassen. Das übrige Weizenmehl mit Honig, Zimt, Gewürznelken, Ingwer, Piment und etwas Pfeffer, der Butter, dem starken Kaffee sowie der restlichen Milch mit dem aufgegangenen Vorteig gut durcharbeiten.
Den Teig 5 mm dick auswalken und verschiedene Formen ausstechen.
Auf ein befettetes Backblech legen und an einem warmen Ort aufgehen lassen.

Backzeit: ca. 10 Minuten
Backtemperatur: 160–175 Grad C

Die abgekühlten Pfefferküchlein mit Zuckerglasur (Rezept siehe Seite 55) überziehen.

POLNISCHER HONIGKUCHEN

300 g	**Honig**
4	**Eier**
150 g	**brauner Zucker**
250 g	**griffiges Weizenmehl**
2 TL	**Backpulver**
1 TL	**Zimt**
1 MSP	**geriebene Muskatnuß**
125 g	**Walnüsse**

Den Honig flüssig erwärmen, die Dotter, den Zucker und den erwärmten Honig cremig rühren. Das Eiweiß steif schlagen, abwechselnd mit dem mit Backpulver versiebten griffigen Weizenmehl den Gewürzen und grob gehackten Walnüssen unterheben.
Eine Springform mit 24 cm Durchmesser ausfetten, die Masse einfüllen und backen.

Backzeit: ca. 75 Minuten
Backtemperatur: 200 Grad C

TIP
Bei Lust und Laune kann man den Kuchen beliebig glasieren. Er schmeckt aber auch ohne Glasur ausgezeichnet.

Roggenleckerle

1/2 l	**Honig**
560 g	**Rohzucker**
1/8 l	**Kirschwasser**
	unbehandelte, geriebene Zitronenschale von zwei Früchten
420 g	**geriebene Mandeln**
140 g	**Zitronat**
140 g	**Aranzini**
70 g	**Zimt**
1 TL	**gestoßene Gewürznelken**
1 TL	**geriebene Muskatnuß oder gestoßene Muskatblüte**
1 TL	**Kardamom**
1000 g	**Roggenmehl**

Honig erhitzen und mindestens dreimal aufsteigen lassen, Zucker hinzufügen. Einige Minuten weiterkochen, in eine Schüssel gießen, Kirschwasser, Zitronenschale, geriebene Mandeln, Zimt, Gewürznelken, Muskatnuß oder Muskatblüte, klein gewürfeltes Zitronat und Aranzini, Kardamom und Roggenmehl vor dem Erkalten der Honigmasse beifügen und zu einem Teig verarbeiten.
Diesen auswalken, in Modelformen pressen und auf einem befetteten Backblech backen.

Backzeit: ca. 15 Minuten.
Backtemperatur: 175–200 Grad C

RUSSISCHER HONIGKUCHEN

1/4 l	**Honig**
3	**Eier**
175 g	**Mehl**
1 TL	**Backpulver**

Den Honig im Wasserbad erwärmen, mit den Eiern schaumig rühren und dann Mehl und Backpulver unterrühren.
Die Mischung in eine runde, mit Butter ausgestrichene Form geben und backen.

Backzeit: ca. 20 Minuten
Backtemperatur: 175–190 Grad C

Den Kuchen aus der Form stürzen und abkühlen lassen. Vor dem Servieren mindestens 3 Tage in einer luftdicht verschlossenen Dose aufbewahren!

Salzburger Lebkuchen

250 g	**Roggenmehl**
100 g	**Zitronat**
100 g	**Aranzini**
200 g	**geriebene Walnüsse**
500 g	**Honig**
300 g	**brauner Zucker**
3	**Eier**
1 EL	**Zimt**
1 TL	**gestoßene Gewürznelken**
	unbehandelte, geriebene Zitronenschale von zwei bis drei Früchten
25 g	**Hirschhornsalz**
17 g	**Pottasche**
3 EL	**Butter**
1/8 l	**Wasser**

Das Roggenmehl auf dem Backbrett mit dem fein gehackten Zitronat und Aranzini, den geriebenen Walnüssen, Zimt, den gestoßenen Gewürznelken, der geriebenen Zitronenschale, Hirschhornsalz und der Pottasche gut vermischen.
Honig, Zucker, 1/8 l Wasser und 3 EL Butter aufkochen und dann abkühlen lassen.
Die Mehlmischung, die Honigmasse und die Eier gut verkneten.
Den Teig zwei bis drei Tage stehen lassen.
Entweder mit Modeln weiterverarbeiten oder in anderen Figuren ausstechen.
Verarbeiten mit Modelform: Modelform mit Staubzucker bestreuen, auf den Teig aufdrücken und die Model-Lebkuchen vor dem Backen eine Nacht liegen lassen.

Backzeit: ca. 15 Minuten
Backtemperatur: 175–200 Grad C

Schokoladelebkuchen

500 g	**Honig**
200 g	**brauner Zucker**
750 g	**Weizenmehl**
150 g	**geriebene Schokolade**
120 g	**fein gehacktes Zitronat**
150 g	**Mandeln**
1 KL	**Kakao**
3 EL	**Zimt**
1 KL	**Ingwerpulver**
1 KL	**Kardamom**
1 MSP	**gestoßene Muskatblüte**
2 KL	**Hirschhornsalz**
1 EL	**Wasser**

Honig und braunen Zucker erhitzen und flüssig werden lassen; die Masse etwas abkühlen.
Das Weizenmehl, die geriebene Schokolade, das fein gehackte Zitronat und die grob gehackten Mandeln, den Kakao, Zimt, Ingwer, Kardamom, Muskatblüte sowie das Hirschhornsalz, in einem 1 EL Wasser aufgelöst, auf dem Backbrett vermengen. Die Honigmasse beifügen und den Teig kräftig durchkneten.
Diesen 2–3 Tage rasten lassen, dann auf Blechgröße auswalken und auf das befettete Backblech legen.

Backzeit: ca. 25 Minuten
Backtemperatur: 175 Grad C

Den ausgekühlten Lebkuchen mit Schokoladeglasur überziehen und mit gehackten Mandeln bestreuen. In 3 x 3 cm große Würfel schneiden.

Schokoladeglasur

150 g	**Butter**
150 g	**Schokolade**

Butter und die Schokolade langsam im Wasserbad zerlaufen lassen, glattrühren, etwas abkühlen und das jeweilige Gebäck damit glasieren.

Schokoladeleckerli

2	**Eier**
1	**Eidotter**
280 g	**brauner Zucker**
60 g	**geriebene Schokolade**
280 g	**geriebene Mandeln**
1 Prise	**Zimt**
1 MSP	**gestoßene Gewürznelken**
	etwas fein gestoßene echte Vanille
4 EL	**Kartoffelmehl**

Die Eier und das Eidotter werden verrührt, der Zucker beigefügt und alles zusammen schaumig gerührt. Nun gibt man die geriebene Schokolade, Zimt, die gestoßenen Gewürznelken, die geriebenen Mandeln, die fein gestoßene Vanille und das Kartoffelmehl dazu. Man knetet aus den Zutaten einen weichen Teig und formt ihn in Modeln.

Backzeit: ca. 15 Minuten
Backtemperatur: 150–175 Grad C

SCHWARZER, GEBACKENER, FALSCHER MARZIPAN

120 g	**Butter**
120 g	**Zucker**
120 g	**geschälte und geriebene Mandeln**
120 g	**erweichte Schokolade**
2	**Eier**
	unbehandelte, geriebene Zitronenschale von einer Frucht
2 TL	**Zimt**
120 g	**Mehl**

Alle Zutaten gut miteinander verkneten. Die Masse auf ein befettetes Backblech legen, mit Ei bestreichen und mit geschälten, halbierten Mandeln verzieren.

Backzeit: ca. 20 Minuten
Backtemperatur: 175 Grad C

Den falschen Marzipan auf dem Backblech erkalten lassen und dann in Stücke schneiden.

Steirischer Lebkuchen

500 g	**Roggenmehl**
200 g	**brauner Zucker**
100 g	**Honig**
2	**Eier**
1/2 TL	**Natron**
1/2 TL	**Backpulver**
1 KL	**gestoßene Gewürznelken**
3 EL	**Zimt**
1 KL	**Kardamom**
	Zwetschkenschnaps
	Mandeln nach Bedarf

Fülle

15	**Dörrzwetschken**
5	**Feigen**
50 g	**Haselnüsse**
1	**Ei zum Bestreichen**

Alle Zutaten werden zu einem Teig verknetet. Diesen mindestens 24 Stunden rasten lassen.
Die eine Hälfte des Teiges ausrollen und auf ein befettetes Blech legen. Mit beliebiger Marmelade (besonders gut eignet sich Ribiselmarmelade = Johannisbeerkonfitüre) bestreichen und mit folgender Fülle bestreuen:
Die Dörrzwetschken, Feigen und Haselnüsse fein schneiden oder hacken.
Die zweite Teighälfte ausrollen und darüberlegen.
Mit einem verquirlten Ei die Oberfläche des Lebkuchens bestreichen und mit ganzen, geschälten Mandeln verzieren, dann den Lebkuchen backen.

Backzeit: ca. 30 Minuten
Backtemperatur: 175–200 Grad C

Überkühlt in Stücke schneiden.

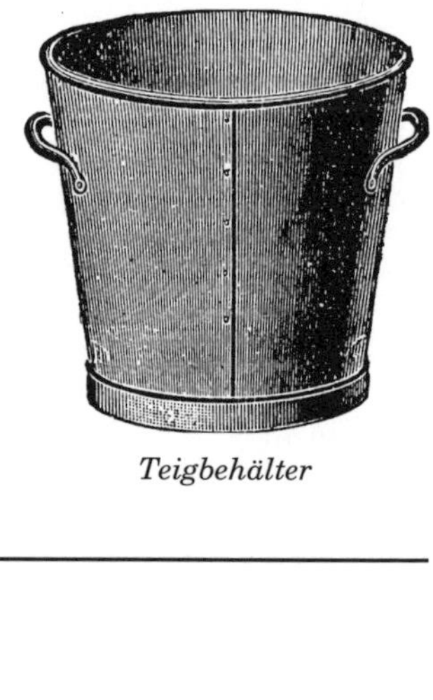

Teigbehälter

THORNER KATHERINCHEN

250 g	**Honig**
200 g	**Zucker**
100 g	**Butter**
2 EL	**Zimt**
1 KL	**Piment**
1 KL	**Kardamom**
1 MSP	**Ingwerpulver**
2	**Eier**
15 g	**Pottasche**
1 EL	**lauwarmes Wasser**
750 g	**Weizenmehl**

Honig, Zucker und Butter werden aufgekocht und langsam abgekühlt. In die abgekühlte Honigmasse rührt man die Gewürze und die Eier sowie die in lauwarmem Wasser aufgelöste Pottasche.
Der Honigteig wird mit dem Weizenmehl verknetet. Anschließend sollte dieser Teig 2–3 Tage ruhen.
Bevor er am Brett ausgewalkt wird, knetet man ihn noch einmal kräftig durch und sticht dann mit den traditionellen Katherinchenformen den Lebkuchen aus.

Backzeit: ca. 10 Minuten
Backtemperatur: 200 Grad C

Die traditionelle Glasur für die Katherinchen besteht aus Staubzucker und Zitronensaft (Rezept siehe Seite 72).
In Deutschland erhält man die traditionellen Katherinchenformen ohne Schwierigkeiten, in der Schweiz und Österreich können Sie diese mit unserer Schablone (siehe Seite 81) nachformen.

Tiroler Honigleckerlarn

2	**Eier**
100 g	**Zucker**
240 g	**Honig**
2 EL	**Zimt**
1 TL	**gestoßene Gewürznelken**
	unbehandelte, geriebene Zitronenschale von einer Frucht
450 g	**Mehl**
1 KL	**Natron**

Alle Zutaten – außer Mehl und Natron – cremig rühren. Das mit Natron vermischte Mehl und die Eimasse verkneten. Die Masse einige Stunden rasten lassen.
Den Teig auswalken und Formen ausstechen.

Backzeit: ca. 15 Minuten
Backtemperatur: 175 Grad C

Die Figuren können nach dem Auskühlen glasiert werden.

WALNUSSLEBKUCHEN

280 g	**brauner Zucker**
560 g	**Honig**
1 MSP	**Pottasche**
25 g	**Walnüsse**
35 g	**Aranzini**
35 g	**Zitronat**
1 EL	**Zimt**
1 KL	**gestoßene Gewürznelken**
1 MSP	**geriebene Muskatnuß**
560 g	**Roggen- und Weizenmehl**

Zucker wird dick gekocht (zum großen Faden) und sodann vom Feuer genommen, nach einigem Erkalten mit dem Honig noch einmal aufgekocht. Die Masse wird so lange gekocht, bis sie ein paarmal aufgestiegen ist, hernach leert man sie in eine Schüssel und rührt, wenn sie ein wenig erkaltet ist, Pottasche, gehackte Walnüsse, Aranzini und Zitronat (fein gehackt), Zimt und Gewürznelken, beides fein gestoßen, eine geriebene Muskatnuß und das gemischte Mehl darunter.
Ist die Masse recht gut durchmengt, so wird sie auf dem Backbrett gut geknetet, ausgewalkt, zusammengeschlagen und dann auf Backblechgröße erneut ausgewalkt. Vor dem Backen mit der Gabel einstechen.

Backzeit: ca. 20 Minuten
Backtemperatur: 175–200 Grad C

Den Lebkuchen nach kurzem Überkühlen mit einer Walnußmarzipanmasse überziehen und mit Schokoladeglasur (Rezept siehe Seite 113) glasieren. Mit halben Walnüssen verzieren.
Nach dem Trocknen der Glasur in beliebige Stücke schneiden.

Walnußmarzipan

150 g	**Rohmarzipan**
150 g	**feinst gehackte Walnüsse**

Walnüsse und Rohmarzipan werden verknetet und zu einer Platte ausgewalkt.

Weinbeisser

120 g	**brauner Zucker**
3 EL	**Honig**
300 g	**griffiges Mehl**
1/2 P.	**Backpulver**
60 g	**Butter**
2	**Eier**
1 KL	**Zimt**
1 MSP	**Piment**
	unbehandelte, geriebene Zitronenschale von einer Frucht

Zucker und Honig gemeinsam aufkochen. Mehl, Backpulver, Butter, Zimt, Piment und die geriebene Zitronenschale werden mit den Eiern und der abgekühlten Honigmasse verknetet. Der Teig wird ca. 5 mm dick ausgewalkt, in Streifen geschnitten und gebacken.

Backzeit: ca. 10 Minuten
Backtemperatur: 175–200 Grad C

Die gebackenen Weinbeißer werden mit Zuckerglasur (Rezept siehe Seite 55) glasiert.

Weinbeißer sind lange haltbar, aber sie dürfen nicht zu trocken lagern!

Weisse Leckerle auf andere Art

560 g	**Zucker**
6	**Eier**
140 g	**blanchierte und geriebene Mandeln**
18 g	**Zimt**
	unbehandelte, geriebene Zitronenschale von einer Frucht
	Mehl nach Bedarf
	Backoblaten

Die Eier werden mit feinem Zucker gerührt, die abgezogenen, fein geriebenen Mandeln, Zimt, Zitronenschale und soviel Mehl eingerührt, daß man den Teig auswalken kann.
Der Teig wird in Stücke gewalkt, die mit Modeln geformt werden.
Die Leckerli auf Oblaten legen, in einem warmen Zimmer 24 Stunden trocknen, dann bei niedrigster Temperatur im Backrohr mehr trocknen als backen.

Backzeit: ca. 20 Minuten
Backtemperatur: 150–160 Grad C

WEISSE NÜRNBERGER LEBKUCHEN

140 g	**brauner Zucker**
2	**Eier**
60 g	**Haselnüsse**
	etwas Bittermandelöl
2 EL	**Zimt**
1 MSP	**Piment**
	unbehandelte, geriebene Zitronenschale von einer Frucht
60 g	**Zitronat**
60 g	**Aranzini**
1 KL	**Rum**
300 g	**Mehl**

Eier mit Zucker schaumig schlagen, die geriebenen Haselnüsse, einige Tropfen Bittermandelöl, Zimt und Piment, Zitronenschale, die fein geschnittenen Aranzini und das Zitronat, Rum und 150 g Mehl einrühren.
Die Rührmasse und das restliche Mehl werden auf dem Backbrett zusammengeknetet, ausgewalkt und in Vierecke ausgestochen. Diese werden mit Mandeln verziert und gebacken.

Backzeit: ca. 20 Minuten
Backtemperatur: 175 Grad C

WEISSER LEBKUCHEN

560 g	**Mandeln**
9	**Eier**
500 g	**Zucker**
	unbehandelte, geriebene Zitronenschale von einer Frucht
70 g	**Zitronat**
70 g	**Aranzini**
4 g	**gestoßene Gewürznelken**
4 g	**gestoßene Muskatblüte**
4 g	**Kardamom**
9 g	**Zimt**
560 g	**Weizenmehl**
	Backoblaten

Mandeln blanchieren und fein länglich schneiden, auf einem mit Backpapier ausgelegten Backblech im Rohr rösten, bis sie gelb werden. Dotter und Zucker werden cremig gerührt. Die Eiweiß werden zu festem Schnee geschlagen und unter die Dottermasse gehoben. Weiters werden die geriebene Zitronenschale, fein geschnittenes Zitronat und Aranzini, die Gewürze, die gerösteten Mandeln und das Weizenmehl untergerührt.
Die Masse wird fingerdick auf Oblaten verteilt (die Oblaten werden in die gewünschte Form geschnitten, eine klassische Form sind „Tafeln"). Die Masse wird mit Zucker bestäubt, man verziert die Lebkuchen mit Zitronat und läßt sie zwei bis drei Stunden stehen. Dann werden sie gebacken.

Backzeit: ca. 20 Minuten
Backtemperatur: 150–175 Grad C

Würzburger Marzipan

500 g	**Zucker**
4	**Eier**
1 MSP	**Hirschhornsalz**
1 Prise	**Salz**
1 TL	**Anis**
500 g	**Roggenmehl**

Eier, Zucker, Salz und Hirschhornsalz schaumig rühren. Dann den Anis und das Roggenmehl beifügen und den Teig auf dem Brett durchkneten. Entweder sticht man Formen aus oder bearbeitet den Teig mit Modeln. Die ausgestochenen Formen läßt man über Nacht ruhen und backt sie anschließend.

Backzeit: ca. 20 Minuten
Backtemperatur: 160 Grad C

Der Würzburger Marzipan sollte nach der Fertigstellung noch 2–3 Wochen lagern, damit er das volle Aroma entfalten kann.

Zimtleckerle

1000 g	**Mandeln**
800 g	**brauner Zucker**
70 g	**Zimt**
280 g	**Aranzini**
	unbehandelte, geriebene Zitronenschale von drei Früchten
5–6	**Eier**
	Backoblaten

Die Mandeln werden abgezogen und fein gerieben, auf einem Backbrett mit braunem Zucker, Zimt und fein gehackten Aranzini sowie der geriebenen Schale von drei Zitronen und den Eiern vermischt und alles gut durcheinandergemengt.
Man schneidet den Teig in Stücke und drückt die Zimtleckerle in verschiedene Modelformen.
Die Leckerle auf ein mit Oblaten belegtes Backblech legen und backen.

Backzeit: ca. 15 Minuten
Backtemperatur: 150–175 Grad C

Zitronatnüsse

3	**Eier**
100 g	**Honig**
150 g	**brauner Zucker**
2 EL	**Orangensaft**
4 EL	**Zitronensaft**
300 g	**Mehl**
1 P.	**Backpulver**
120 g	**gehacktes Zitronat**
	Zimt

Die Eier mit dem Honig und dem Zucker schaumig schlagen, nach und nach die Gewürze, den Zitronen- und den Orangensaft einrühren. Zum Schluß das mit Backpulver versiebte Mehl unterheben. Nußgroße Kugeln formen, auf ein Backblech legen und backen.

Backzeit: ca. 30 Minuten
Backtemperatur: 150 Grad C

Die Zitronatnüsse mit Zitronenglasur (Rezept siehe Seite 72) oder Schokoladeglasur (Rezept siehe Seite 113) überziehen.

HONIGLIKÖR I

500 g **Honig**
3/4 l **Wasser**
1 l **Weingeist 96%**
Lebkuchengewürz (falls gewünscht)

Honig und Wasser aufkochen. Das Honigwasser mit dem Weingeist vermischen und in Flaschen füllen.
Den Honiglikör zumindest 14 Tage ruhen lassen.
Hat man Lust auf mehr Lebkuchengeschmack, kann man den Likör mit dem Lebkuchengewürz würzen.

HONIGLIKÖR II

500 g **Honig**
250 ml **Rum**
Bohnenkaffee nach Geschmack
1 l **Weingeist**

Den Honig aufkochen lassen, den Rum, (Bohnenkaffee und den Weingeist dazumischen. In Flaschen füllen und mindesten 5–6 Wochen wegstellen. Dann den Likör abseihen, in Flaschen füllen, verschließen und mit Genuß trinken!

Litauischer Krupnik

500 g	**Honig**
1/2	**Vanilleschote**
5	**Gewürznelken**
1	**Zimtstange**
	Muskatnuß
5	**Pimentkörner**
1 l	**Weingeist**

Alle Zutaten aufkochen lassen. Von der Flamme nehmen und mit dem Weingeist mischen. Dann in Flaschen gießen und mindestens 24 Stunden ruhen lassen. Abgeseiht heiß oder kalt servieren!